U0617167

百姓不缴糊涂税

财税专家汪蔚青的税务普及书

汪蔚青 著

ZHEJIANG UNIVERSITY PRESS
浙江大学出版社

目录

个人所得税，我们每天都要缴

Part 2

房子的事，买进卖出都要税

Part 3

想不到的税

附录

知税而智

时寒冰

税收与每个企业息息相关，也与每个人息息相关，但到底如何相关，很多人往往只是有一个大致的概念，而缺乏专业的知识。去读专业书？一是枯燥，二是时间有限，拿不出太多精力去研究。

于是，大家都渴望有一本书，既通俗易懂，充满趣味，又具有专业的水准，让自己能够在短时间内，就对相关税的知识有详细而深入的了解。我也同样渴望着。

因此，得知汪蔚青老师的大作《企业不缴冤枉税》和《百姓不缴糊涂税》即将出版，我非常高兴。这也是我一直非常期待的。

汪蔚青是中国知名的税务专家，我与她的相识说起来还比较有趣。我那时在《上海证券报》做评论主编，经常会收到一些邀请，大部分都拒绝了，但有一份来自上海交通大学的演讲邀请很特别。我注意到了邀请人的名字：汪蔚青。这不是著名的税务专家吗？是同名还是本人？

回信一问，确为本人。她那时在上海交通大学讲授税收课程，是最受欢迎的税收课程老师。我正好在写《时寒冰说：经济大棋局，我们怎么办》，里面有一些关于税的问题需要请教专家，就愉快地答应了她的邀请。我同时提出来，由她直接把讲课费汇给我在贵州山区资助的孩子，供他们读书。

从此，我们成了朋友。

每次遇到国家有比较大的税收政策出台，我都会打电话给她，而她的讲解总是一针见血，通俗易懂而又不失严谨和系统。当时，我就鼓励她写一本有关税收的书，让更多的人不再被税困扰，能够更妥当地处理税的问题。

除了我，还有很多老师，以及特别喜欢她授课的企业家们，建议她写一本这样的书，让更多的人了解税的知识。

汪蔚青是一个做事非常认真、非常投入、非常追求完美的人，为了写好这本书，她暂时放下了工作，把所有的精力都花在了书上。如今，她终于完成了很多人的这个心愿。

拿到书稿的时候，我忍不住一口气看完，有种酣畅淋漓的感觉。很少有人能把一本讲专业知识的书写得如此吸引人。

汪蔚青虽然在大学教授税务专业课程，但这本书没有半点说教的枯燥感，几乎每一点每一滴都跟我们的生活密切相关，几乎每一个故事都是我们所熟悉的，也正因此，它的实用性非常突出。

　　比如，她在开篇提到，去某KTV唱歌，大家发现这家KTV包厢不提供香烟、零食，而是在KTV大堂边上开个小超市让客人去买。这家KTV为什么要这样做？原来，顾客唱歌时点的香烟、零食的费用，都合并在唱歌的金额中一并缴纳20%的营业税，如果特设一个独立核算的小卖部去卖，只要一年销售收入不超过80万元，就按小规模纳税人3%的税率缴纳增值税。假如年销售收入超过80万元，就缴纳17%的增值税，仍比全额缴纳20%的营业税划算得多。

　　一比较就会发现，那些在KTV向客人卖香烟、零食、果盘的老板，就没有这家KTV的经营者懂税。

　　知识让人增长智慧，税收知识更是如此。

　　在商品社会里，税的问题无处不在，懂税不仅让人增长智慧，也让人可以合理合法地避税，减轻自己的负担。

　　只有懂得税的相关知识，才能做出更好的税务筹划。

　　现在，很多人自己创业，尤其要先熟悉一些税的规则，这样不仅可以避免一些不必要的烦恼和困扰，还能充分地利用相关优惠政策，让自己的创业之路走得更稳妥，更阳光。而汪蔚青的书，就如同一个好的税收筹划师，能给人带来诸多启示和便利。

　　汪蔚青的这两本书，是她近年来在税收领域孜孜不倦、刻苦钻研的成果。我深信，她的作品会受到越来越多的人的关注和喜爱。

要赚钱，岂能不懂税

汪蔚青

　　笔者应第一财经《解码财商》栏目组的邀请做了几期税务专题节目，内容涉及房产税、个人所得税、税制改革等诸多方面。不得不说，做税务专题节目是件比较吃力且不易讨好的事情，我想主要原因是没人喜欢缴税。

　　从公共管理的角度而言，如果政府没有相应的财政收入，很有可能会面临关门的命运：想象一下垃圾没人清扫、学校不再上课、医生不再看病、警察不再抓小偷，这会造成多大的混乱。所以，政府会运用强制力向居民征税，以保证国家机器的正常运转。美国著名科学家、政治家本杰明·富兰克林有句名言：只有死亡和纳税是不可避免的。由于纳税如同死亡一样令人不喜，但又不可避免，因此，政府如何征税是一门学问，老百姓如何缴税同样也是一门学问。

上海自贸区挂牌前后，我接到了很多电话，有媒体采访的，有学生、朋友来电咨询自贸区的财税政策有什么可以让投资者期待的。还有学生并不是咨询自贸区的政策，而是要了解自贸区到底能够带来哪些商机，我给学生讲述了一个案例，在此也与大家分享一下。

张先生在数年前用公司名义购买了几处房产，今年计划转让。按照现行税法，他若以个人名义购买房产，根据持有时间，在转让时涉及营业税（5%）及附加税、个人所得税（1%或2%）。而如果以企业名义持有房产，在转让时会涉及营业税（5%）及附加税、土地增值税（30%～60%）、企业所得税（25%），张先生要把这部分房产转让获得的收益最终放到自己口袋里时，在缴纳了前述企业缴纳的税金以外，还需要缴纳20%的个人所得税。最终，张先生缴纳了数额惊人的税金后，发现以企业名义持有房产比他个人持有房产在转让后的净收益几乎少了40%。

另一个许姓学生在上海自贸区刚有苗头的时候，就计划在自贸区附近投资一些房产，期望在未来转手套利。由于被限购，他打算听取房产中介的建议，以他持有的公司的名义购买这些房产。在操作前，他偶尔听到了我分享张先生的投资案例，于是跟我探讨后得出的结论是，虽然他以公司名义购买房产绕过了限购政策，但房产的增值部分却要被额外征收相当大的一笔税金，最终的投资收益与他的预期将出现很大的差异。由于及时调整了投资策略，他很庆幸没有缴纳巨额"税务学费"。

投资的目的不是为了买入，而是为了获得卖出后的净收益。每个投资者在做出投资决定前，需要对投资路线做一个完整的规划，每个成本因素都不能忽略，特别是税负成本。国家征税就像高速公路收取过路费，使用不同的交通工具、采取不同的行进路线，最后缴纳的过路费会存在很大的差异。同样，投资者如果缺乏必要的税务知识，即便在投资前充分考虑了收益率、投资风险、投资渠道等诸多因素，也很有可能无法取得预期的收益。因为你绕路了，要多交过路费！

没有人喜欢缴税，但也没有人能够否认所有商品的价格中都包含着税金，所以广义来说，每个消费者都是纳税人。我写这本书的目的，是希望读者朋友们能够明白，既然纳税和死亡一样无法避免，那么税务知识就不应该作为一种稀有知识，仅为少部分专业人士掌握，而应该成为经济社会中的每个人都应该有所了解的常识。不懂税，必然多缴税，像张先生那样通过缴纳巨额学费的方式来增加税务知识，未免过于惨痛。

要赚钱，岂能不懂税！

TAX

Part 1

个人所得税，
我们每天都要缴

税后工资、奖金咋扣税？

TAX

　　学生 K 是财务高管，去年跳槽。面试时，人力资源总监问薪资要求，K 说了一个数，又加了一句是税后的。经公司高层讨论，同意该条件，但附加一个条件，年薪制，工资为年薪的 70%，分 12 个月发放，剩下的 30% 作为绩效考核，若绩效好，会超过约定年薪，若绩效考核不好，则会有一定的扣罚。劳资双方谈妥后，K 就去新公司上班了。

　　第一个月发工资日的前一天，人力资源总监把 K 拉到会议室问，税后工资该怎么计算个人所得税？K 站起来，在会议室的白板上给人力资源总监上了一堂数学课。

　　假设 K 的月薪为税后 30000 元（此处忽略五险一金，下同），我国税法在计算个人所得税时都是以含税工资作为计税基础的，因此这 30000 元肯定不能作为计税基数，这就需要折算。

　　假设 K 的税后 30000 元月薪须缴纳 X 元的个人所得税。从个人所得税率表上可以查到，30000 元对应的是 25% 的税率。则个人所得税算法如下：

X=（30000 ＋ X － 3500）×25% － 1005

计算后，得出 X=7493.33（元）

即 K 每个月的应发工资收入为 37493.33 元，缴纳个人所得税7493.33 元，实际到手 30000 元。

K 继续说，如果数学不好，计算起来有困难，也有个简便算法：

计税基数=（30000 － 3500 － 1005）÷（1 － 25%）=33933.33（元）

应缴个人所得税 33933.33×25% － 1005=7493.33（元）。

计算过程中比较重要的是要找准 25% 这个个人所得税率，1005 就是这个个人所得税税率对应的速算扣除数。很简单吧！

转眼到了年终。公司今年效益不错，没有受到外部大环境的太多影响。而财务部也在 K 的领导下完成了几件之前一直想做而没能实施的项目，受到了董事长的肯定。于是 K 的年终绩效考核系数上调了好几个点。假设 K 原与公司约定的税后收入为 500000元，已经通过工资的形式拿到 360000 元，则年终奖还可以拿140000 元。但由于绩效考核成绩好，最终董事会决定给予 K 年终奖 230000 元，其中 140000 元的税金由公司承担，而剩余 90000元的税金由 K 自己承担。于是，人力资源总监又一次把 K 拉进了会议室。

假设 K 税后年终奖 140000 元对应的个人所得税为 X，另90000 元为含税收入，230000÷12=19200（元），适用税率为25%，速算扣除数为 1005，则算法如下：

X =（140000 ＋ X）×25% － 1005

经计算，X = 45326.67（元）。

当然，这部分含税的年终奖也有个简便计算方法：

计税基数 =（140000 － 1005）÷（1 － 25%）= 185326.67（元）

应缴个人所得税 = 185326.67×25% － 1005 = 45326.66（元）。

以上只是 K 税后年薪中 140000 元税后年终奖应计算的个人所得税，而 K 今年实际应得 230000 元年终奖的个人所得税为：

（230000 ＋ 45326.67）×25% － 1005 = 67826.67（元）。

其中公司承担 45326.67 元，K 自己承担 22500 元。则 K 年终奖实际到手金额为 230000 － 22500 = 207500（元）。

税务小贴士

计算经济业务中涉及的税金是个技术活，所以很多人为了避免跟税"纠缠不清"，干脆按税后金额报价，比如卖房时挂净价。但作为工薪阶层，对于自己的工资怎么计算个人所得税还是要掌握一点基础知识的。否则万一单位给多扣了，咱们岂不是亏了？

本书附录中有 2011 年 9 月 1 日起开始执行的个人所得税七级超额累进税率表，自己可以去查一下哦。

TAX

多处取得收入咋缴税？

　　清明节是传统的祭扫节日，很多人从外地赶回老家祭扫。学生 K 回来了三天，趁机邀请几个同学和我小聚。就餐时，他坐在我边上，聊起近况。

　　他现在是上海一家综合性集团公司外派到当地子公司的总经理，每年工作取得的收入分成几块：集团公司有一块基本薪水，现在工作的子公司有一块主要绩效工资和季度奖金，年底子公司根据业绩会发一笔年终奖，集团公司会根据子公司对集团利润的贡献程度和对其的综合考核结果，发放一笔年终奖。至于过节费则主要在子公司取得。他发现每个给他发钱的地方的财务部都在给他扣个人所得税，他担心两头的财务人员给他多缴税，但又不愿意子公司的财务人员知道他在集团里的收入有多少。含含糊糊地问财务人员，对方说了一通应纳税所得额等，他一阵头晕目眩。虽然被外派五六年了，但至今他都不知道像他这样的员工，从多处取得的收入到底该怎么缴税，是分开缴税还是合并在一起缴税呢？

经济危机是做产业整合的好机会，于是很多集团公司纷纷把产业链向上下游延伸。公司成立了，得有合适的人管理。有些外地的子公司，一时之间没有合适的当地人来做管理，于是外派高管和技术人员就越来越多了。但这些人从多处取得的收入并非都属于"工资、薪金"所得。

区分这些收入属于工资还是劳务报酬有几个关键因素。工资、薪金所得是个人在机关、团体、学校、部队、企事业单位及其他组织中任职、受雇而得到的报酬，而劳务报酬则是个人独立从事各种技艺、提供各项劳务取得的报酬。主要区别在于，是否存在雇佣关系。其次，税务机关在把握企业发放给员工的钱是工资、薪金还是劳务报酬时也有一定的原则：第一，企业制定了较为规范的员工薪酬制度；第二，企业所制定的薪酬制度符合行业及地区水平；第三，企业在一定时期所发放的薪酬是相对固定的，薪酬的调整是有序进行的；第四，企业对实际发放的薪酬，已依法履行了代扣代缴个人所得税义务；第五，有关薪酬的安排，不以减少或逃避税款为目的。只有符合以上标准，税务机关才会确认企业发生的薪酬的合理性。

按照现行税法，K 如果与集团公司签订了劳动合同，并被派遣去子公司任职，则他从这两处取得的收入都可以按照薪酬缴纳个人所得税。假设集团公司每个月给 K 发 10000 元的基本工资（此处忽略五险一金，下同），而子公司平均每个月给 K 发 35000 元的工资和奖金，到年底，K 从子公司取得 150000 元的年终奖，从集团取得 250000 元的年中考核奖金。我们来计算一下 K 一年要交多少税，该怎么缴税。

首先，集团公司每月工资扣税 =（10000 － 3500）× 20% － 555=745（元）。

子公司每月工资扣税 =35000 × 25% － 1005=7745（元）。

集团公司发放年终奖扣税 =250000 ÷ 12 × 25% × 12 － 1005=61495（元）。

子公司发放年终奖扣税 =150000 ÷ 12 × 25% × 12 － 1005=36495（元）。

本年度，K 总收入为 940000 元，总计已缴纳个人所得税 199870 元。

集团公司和子公司财务部分别在发放工资、奖金的时候代扣代缴个人所得税。

按照现行税法，个人从两处以上取得的所得，需要在每年 1 月 1 日至 3 月 31 日期间，去地方税务局自行申报年度个人所得税。则 K 就需要自行选择并固定在集团公司或子公司所在地的地方税务机关，进行年度个人所得税自行申报工作。申报时，K 要带上两处支付单位提供的原始工资明细、薪金单和完税凭证原件等资料，去自行确定的地方税务局，重新计算他一年的工资和年终奖到底该缴多少税，多退少补。

每个月，K 从两处取得的工资应扣税 =（10000＋35000－3500）× 30% － 2755=9695（元）。

年终，K 从两处取得的年终奖应扣税 =（150000＋250000）÷12 ×25%×12 － 1005=98995（元）。

则 K 经过汇算，年度应缴纳个人所得税 =9695×12＋98995= 215335（元）。

扣除已经缴纳的 199870 元，K 还应补缴个人所得税 15465 元。

K 看我拿着纸、笔和计算器算得津津有味。等我算完，他脸绿了："还要补税啊！"

税务小贴士

经常有学生向我咨询，税务局会不会同意我们企业这么做，会不会同意我们单位那么做？其实，税务局根本不会管企业怎么做，也没有那个权限规定企业怎么进行经济行为。就如同从上海去北京，你可以自主选择坐飞机、坐高铁、坐动车，甚至自驾。但你采取了某种交通方式后，需要承担相应的成本。而企业决定采取某种经济行为以后，税务成本就是这种行为的成本之一。所以不必问税务局允不允许企业怎么做，而应对采取这种经济行为后需要承担的税务成本有个心理准备。

TAX

不要让个税临界点成为陷阱

2011 年 8 月 15 日，一个消息震惊全国：国税总局在其首页上发布启事——关于个人所得税的国家税务总局 2011 年第 47 公告系伪造！

2011 年 9 月 1 日将要执行的 3500 元的免征额，让不少人开始小有期盼。虽然关于 9 月份发 8 月份或以前工资到底能不能适用 3500 元免征额的问题还有很多人搞不清楚，但这并不妨碍大家期待 9 月 1 日的来临——这个"即将执行的 47 号公告"消灭了目前个人所得税法规中年终一次性奖金发放时的临界点问题。但凡略懂财税知识的人，遇到笔者，无不先向我询问他们对这个公告的理解是否正确，在得到肯定答复后，继而开始计算若按照这个公告，以去年拿到的年终奖的金额为例，今年可以少交多少个人所得税。看着他们嘴角露出的微笑，笔者也暗暗开心了一下，因为笔者也是纳税人。

从媒体上对国税总局辟谣声明的质疑之声可以看出，那个山寨版的 47 号公告有其得人心之处，甚至有人认为这是国税总局在贼喊捉贼。笔者以为，国税总局作为全国税务征管的最高机构，不会做这样出尔反尔的事，但是那么多纳税人对于那个假 47 号公告的拥戴之情，也应该引起国税总局的重视。大众史无前例地偏爱那个山寨版文件，原因何在？

笔者认为，原因不外乎假文件在一定程度上体现了民意。笔者小范围问了一些非财税专业人士，知不知道目前的个人所得税法规中关于年终奖有所谓的临界点，绝大多数人均表示不知道。可以说这是因为这些人的纳税意识不强，那么清晰明了的税法规定放在那里，却不去学习。但是既然是向纳税人征税，除了让纳税人知道自己交的税政府如何花，是不是也应该让纳税人知道自己该怎么交税。在税法文件中有这么一个小的陷阱，这对绝大多数纳税人是不公平的。

按照现行年终一次性奖金的税务文件，目前的七级超额累进税率表对应 6 个临界点，同样也是每级税率对应的应纳税所得额的上限乘以 12。笔者以个人所得税法规定的七级超额累进税率为依据，举例说明临界点问题。

D 小姐年终一次性奖金为 18000 元（请注意这是第一级税率对应的 1500 元的 12 倍），同部门的 R 小姐多了 100 元，为 18100 元。但拿到手时，R 小姐反而少了 1000 多元，财务解释：

D 小姐应纳税额计算过程：18000÷12=1500（元），适用第一级 3% 的税率，18000×3%=540（元）。

R 小姐应纳税额计算过程：18100÷12=1508.33（元），适用第二级 10% 的税率，18100×10%－105=1705（元）。

所以，R 小姐比 D 小姐多了 100 元年终奖，但税后所得却足足少了 1165 元。

当然，在个人所得税的七级超额累进税率里，这样的"陷阱"不止一个。若读者有兴趣，可以拿 4500 元、9000 元的 12 倍作为基数，做一下比这个基数多发 100 元甚至上千元，但税后所得却少了数千元的奇怪数学题。

从以上计算过程可见，以现行的一次性年终奖计税办法来看，有几个个人所得税税率级次就有几个"陷阱"。税法已经够复杂了，现在居然还玩起数学游戏，让那些文科出身的纳税人情何以堪。

税务小贴士

在 3500 元免征额和七级超额累进税率保持不变的情况下，以下是一次性年终奖的个人所得税临界区间。多发一块钱，就得多交数百元或数千元的税！

18001 ～ 19283.33

54001 ～ 60187.50

108001 ～ 114600

420001 ～ 447500

660001 ～ 706538.46

960001 ～ 1120000

TAX

个税也有免费的午餐

俗话说："天下没有免费的午餐"，在这个全民都过税生活的税时代，个人所得税有没有免费餐呢？答：有的。虽然不存在普惠制的免费餐，但是个人所得税法中列举了十条免征个人所得税的规定，笔者为读者们大致解读一下。

1. 国债和国家发行的金融债券利息免征个人所得税。比如我们都很熟悉的国库券利息就是免征个人所得税的所得。笔者记得小时候，父母有时候在发工资时会拿回家一些花花绿绿的纸片，不能用来购物，但是过个三五年之后能拿这些花纸片换钱，还能多出一些。但当时几乎所有家庭都挺拮据的，国家也不富裕，于是国库券的销售大多是通过单位直接在工资里扣的，不同级别扣的金额不同。每每看到那些不能马上拿去买菜买米的花纸片，父母都会暗暗地叹一口气。虽然那时普通百姓基本没有取得缴纳个人所得税的资格，但是国库券的利息所得可以免个人所得税倒是真实的。

2. 财产险和人身险的保险赔款免征个人所得税。众所周知，绝大多数女性对于开车和找路这两件伴生的事往往很难协调好。朋友 Z 新手上路，去公司上班的路上，对原来坐出租车每天走的路产生了疑惑，在路口突然变道，碰了旁边的车，加上被追尾，新车的处女行造成了三千多元的损失。拿到赔款后，她一面向笔者诉苦一面突然问：保险赔款要交个人所得税吗？笔者马上宽慰她：小汽车发生了碰擦事故后，保险公司的赔款是不需要缴纳个人所得税的。当然不只是小汽车，其他财产险和人身险的保险赔款也是免征个人所得税的。

3. 军人转业费、安家费、离职补偿金等，不须交个人所得税。邻居 H 曾是现役军人，在部队里服役了一段时间后申请转业，离开部队时拿到了一笔转业费，H 到家后请了邻居吃饭，感谢大家在他不在家期间对他老父母的照顾。吃饭时，H 和大家讨论以后的工作，他得知笔者对财税比较熟悉，便问他的转业费是否要缴税。笔者告知：军人转业复员时按规定取得的补贴是免税的。

邻居说起她的堂兄 Z 在外地工作，离职时公司给他一笔离职补偿金，来本地工作时，新公司发给他一笔安家费，Z 搞不清楚这些要不要交个人所得税。笔者告诉她，按照国家统一规定，发给干部、职工的安家费是可以免征个人所得税的。离职补偿金如果在当地上年度职工年平均工资的 3 倍以内，也是免税的。举例来说：当地上年度职工年平均工资是 3 万元，则 Z 本次离职取得的补偿只要在 9 万元以内，就是免税的。当然如果超过了 9 万元，则需要按照税法的规定就超过部分缴纳个人所得税。同样免税的还有离退休职工的离退休金、离休生活补助费等。

4. 国家体育总局及各省级人民政府给予的奖励是免税的。打个比方：如果有一大中国球队在国际比赛中夺得冠军，举国欢庆时，国家体育总局决定给球队参加本次比赛的每个运动员奖励 1 块 1 公斤重的 24K 纯金奖牌和 100 万元奖金，而各省也都对本省的运动员给予了丰厚的奖励，还有一些企业也宣布给予获奖运动员巨额奖励。当举国上下一片欢腾时，我们来看一下球队运动员获得的这些奖励哪些要交税。按照个人所得税法的规定：省级人民政府、国务院部委和中国人民解放军军以上单位，以及外国组织、国际组织颁发的科学、教育、技术、文化、卫生、体育、环境保护等方面的奖金是免税的。因此，国家体育总局和各省级人民政府给予的奖励是免税的，但其他机构和企事业单位给予的奖励是需要按照一次性偶然所得 20% 的税率计算缴纳个人所得税的。另外，在莫言获得诺贝尔奖之前，税法上已经为获奖者做好了奖励的准备，那就是如果我国有人获得了诺贝尔奖，奖金是免征个人所得税的。

5. 驻华大使及其配偶、子女，不在中国获得私人收入，无须交税。原美国商务部长、美籍华人骆家辉是美国历史上第一位华裔驻华大使，这对于中美关系有着深远的影响。媒体对此曾有过浓墨重彩的报道。笔者在学习税法时看到个人所得税法中有明确规定：按照《中华人民共和国外交特权与豁免条例》和《中华人民共和国领事特权与豁免条例》规定，各国驻华使馆、领事馆的外交代表、使馆行政技术人员及与其共同生活的配偶及未成年子女，除来源于中国境内的私人收入以外的所得免纳捐税。使馆服务人员若不是中国公民且不在中国永久居留的，其受雇所得报酬免纳所得税。骆家辉来中国上任，他本人及夫人还有未成年子女在我国的非私人所得是免征个人所得税的。其随行工作人员若符合规定，其受雇所得也是免征个人所得税的。

6. 国务院规定发放的政府特殊津贴、院士津贴、资深院士津贴，免征个人所得税。中国工程院发布了2011年度院士增选有效候选人名单，在网上引起了很大的反响，主要是因为这批提名院士中有不少国企高管及政府官员。网友的争议在于，院士应该是在其专业领域内的资深专家，而这些国企高管和政府官员，即便以前是搞科研出身，但到身居高位时多忙于管理和政务，是否还亲自在专业领域内做着研究？这些被提名者是否够格，应该由权威评审机构按照规定来判断。从税法角度来说，虽然相对于国企高管的收入而言，这部分津贴显得微不足道，但也享受着免征个人所得税的优惠待遇。

7. 还有一种免征个人所得税的福利费是指根据国家有关规定，从企事业单位、国家机关、社会团体提留的福利费或者工会经费中支付给个人的生活补助费。比如地震后企业对职工灾后的生活给予的困难补助，是可以免征个人所得税的。给予去世职工家属的抚恤金同样免征个人所得税。民政部门对低保户、孤寡老人、现役军人家属等群体给予的生活困难补助费是免征个人所得税的，这在税法上被称作救济金。本段所列三个项目在个人所得税法中同属一条，是遭遇了不幸或生活很困难的人才会享受到的免税待遇，相信没有人会去争取这个待遇。

以上列举的免税项目都不是阳光普照型的，我们只能大致了解一下。但接下来介绍的国务院规定的免纳个人所得税的其他补贴、津贴就和很多老百姓直接相关了。这些免税的补贴、津贴包括：独生子女补贴；执行公务员工资制度未纳入基本工资总额的补贴、津贴差额和家属成员的副食品补贴；托儿补助费；差旅费津贴、误餐补助。

笔者记得当时独生子女津贴是夫妻双方每人 2.5 元，虽然现在似乎已杳无声息，但笔者写这篇文章的时候切实地感受到对这 2.5 元的怀念——虽然少了些，但毕竟是免税的。第四项差旅费津贴、误餐补助目前依然实行，只是经常会有学生来咨询如何发放才能免税，有没有标准。差旅费津贴和误餐补助一般都是以现金方式发放的，目前各地在执行时各有不同。有些省市制定了标准，须按照标准执行；而有些地方没有制定标准，企业需要制定企业标准后交税务局备案。

此外，还有一种免税项目是经国务院财政部门批准免税的所得。这是正列举法规的特点，由于无法把所有的免税条目逐一列明，于是会在最后放一条兜底条款。根据这一条款，又有了近百条的免税项目，比如见义勇为者的奖金；个人办理代扣代缴税款手续，按规定取得的扣缴手续费；个人举报、协查各种违法、犯罪行为而获得的奖金；企业和个人按规定提取并向指定金融机构实际缴付的住房公积金、医疗保险金、基本养老保险金等。

总之，个人所得税的免税项目不是人人都能享受到的。但是所有税法都会有政策倾向和税收优惠，如果你能熟悉个人所得税法规，还是能让免税阳光照到你的身上的。

税务小贴士

在任何一个国家，税收优惠政策都不可能是阳光普照型的，我国也不例外。有些税收优惠政策明明制定了，在实际执行的时候，却会遇到各种各样的情况导致纳税人无法享受，这就让我们对税法的严肃性打了一个问号。比如税法明文规定差旅费津贴、误餐补助可以免税，但在实际执行时，会因为各省市缺乏相关规定而导致无法执行。

税收优惠政策可以像树上的果子，需要纳税人符合一定的规定才可以享受。这样纳税人会为了摘到那个高挂的果子而去练习跳高，做一些税务筹划。但税收优惠政策不能像海市蜃楼，让纳税人看得到却总摸不着，这样的政策会让政府失信于民。

TAX

啼笑皆非"月饼税"，步步惊心"加班税"

真的有"月饼税"？

"月饼税"的说法源于 2009 年，那一年的中秋节前，某地税务局要求企业将月饼的费用并入员工当月工资计算并交纳个人所得税。如一滴清水掉入热油锅，举国沸腾，很多人对税务局的这种做法表示了极大的不满。而临近中秋的那几天，报纸上随处可见一张图片：一个月饼切出一牙，上书一个"税"字，旁边一个着制服的人横眉立在边上。于是，群情又激昂了。

笔者财务出身，继而学习税法，到目前依然研究税法，多年来从没见过"税"这个字眼如此高频率地被媒体和百姓提及。本应该为公众税务意识的提高而高兴，但见了这"月饼税"，笔者无论如何也笑不出来了。

可是，我们国家真的有"月饼税"吗？是不是会像有些网友说的，除了"月饼税"、"增名税"、"馒头税"，以后还会收"空气税"、"呼吸税"？笔者感觉啼笑皆非。

其实网友所说的"馒头税"是增值税，"增名税"就是契税，而"月饼税"其实是个人所得税。企业以非现金方式给员工发放福利，这种福利并非给予个别职工的困难补助，而是阳光普照型的补贴、津贴，这种补贴、津贴按照个人所得税法及其实施条例的规定需要缴纳个人所得税。我国并没有所谓的"馒头税"、"增名税"和"月饼税"，这些只是公众在进行某项纳税行为时为了便于称呼而临时起的名字，如同每个人可能都会有个叫大头的同学一样，大头的学名绝不是大头。

那么税务局对企业发放月饼征收个人所得税，是否无法可依？答案是否定的。

按照《中华人民共和国个人所得税法》及其实施条例的规定，个人所得的形式，包括现金、实物、有价证券和其他形式的经济利益，所得为实物的，应当按照取得的凭证上所注明的价格计算应纳税所得额；无凭证的实物或者凭证上所注明的价格明显偏低的，参照市场价格核定应纳税所得额。月饼属于实物，因此对发放月饼的行为予以征税，在税法上并无不妥。然而，为什么这个本来就合法的征税，会被网民批驳得体无完肤？

加班费还扣税？

H走进办公室听到同事说：人世间最痛苦的事情，莫过于上班；比上班痛苦的，莫过于天天上班；比天天上班痛苦的，莫过于加班；比加班痛苦的，莫过于天天加班；比天天加班痛苦的，莫过于天天免费加班！H 庆幸了一下，还好他们公司规定加班是有加班费的。他想起自己这个季度已加班超过 20 天了，要赶紧填加班单了，希望加班费能把上个月同学结婚送出去的红包损失补回来。

H 月工资 8000 元，其中 5000 元是基本工资，2000 元是绩效考核工资和交通费补贴，1000 元是奖金。公司规定，加班费的计算基数是基本工资，而不是全部月工资。H 觉得挺郁闷的，本来加班就是正常工作时间以外自己的辛苦所得，比起公司老总动辄百万元的年薪和几乎所有个人开销全包的福利，自己的那点加班费实在少得可怜。不过，虽然少，好歹公司还有加班费。他的大学同学 L 所在的公司，明确规定加班是没有加班费的，你可以不加，但耽误了工作不但要赔偿公司损失还要被扫地出门。H 叹了口气，填好了加班申请单。

昨天，财务发给 H 的邮件中写道：加班费在扣税后已经打入个人银行账户。H 看了邮件中扣税二字，倒吸了一口凉气：就这点加班费还要扣税？扣什么税？"加班税"吗？于是，他写了邮件给财务咨询这个问题，并上网搜索了有关加班费缴税的资讯。

2012 年，国税总局纳税服务司的一条纳税咨询解答引发了热议。热点集中于加班费是不是该缴个人所得税。原来有没有"加班税"，"加班税"是新税种吗？为什么"加班税"看上去是专门针对工薪阶层？

加班费要缴税，并不是自国税总局的答复才开始的，我国的个人所得税法从1980年开始实施，加班费一直都在个人所得税的征税范围内，这一点从来没有改变过。员工因其任职、受雇从企业获得的所有现金、实物、有价证券等收入都需要缴纳个人所得税。所以，员工获得的收入无论是以基本工资、绩效工资、奖金、交通费补贴、手机费补贴、加班费等任何方式出现，都合并在员工当月工资、薪金中一起计算缴纳个人所得税。其实把领取加班费换成调休更好，这样既不必缴税，也可以在有事请假的时候不会被扣工资。

有些人工作很忙，加班频繁，根本不可能用调休，那么请熟悉税法的专业人士帮忙测算一下，是否可以将加班折合的调休到年底一次折现，合并在年终奖中一并发放，这样可以充分利用个人所得税规定中关于年终奖的税收优惠。一个学生所在企业的人力资源部发放工资、年终奖和加班费时，采用了这个方案，最终为员工合法节省了近20万元的个人所得税，而企业也没有任何纳税风险。企业花一样的成本，而员工却多拿了近20万元的奖金，何乐而不为？

既然税法早就有了明确规定，那么"月饼税"、"加班税"又是从哪里冒出来的呢？笔者以为，媒体上总是出现"馒头税"、"月饼税"、"加班税"等莫名"新"税种的原因是公众税收知识的缺乏。原因如下：

第一，税法立法和执行过程在时间上缺乏统一性。税法的立法权在人大，但是现行税收法律中以财税部门的部门规章为主，而同样的税收法规在各地执行的时候又经常会出现偏差。同一种业务，按照同样的法规交税，在不同时期的纳税义务会变化。个人所得税法从1980年出台至今，很多条款几乎是沿用，改变的并不多。而吃月饼、发月饼也有很多年的历史了，可是2009年突然提出对发放月饼征税，这让很多纳税人以为这是税务局为了征税出的一个新花招。

第二，同样的税法针对不同的企业会出现不同的弹性和空间，缺乏一致性。笔者曾经在专栏中提到过，不同企业做相似业务的时候，会面临税务机关不同的纳税解释，这也导致了纳税人对税法从不理解变成不信任。目前对发放月饼的征税并未普及，这也导致被征税的纳税人非常不满。

第三，执法水平有差别，执法尺度不一，导致法律的公平性和严肃性受到了质疑。各地会根据人大、国务院颁布的法律和实施条例，在实施征管过程中结合实际情况制定一些操作细则和规定。基层税务征管人员对于这些规定并不能做到全面了解、熟练掌握，纳税人面对的是不同解释的税法，而法失去了严肃性便不是法了。严格的时候要征税，而过段时间可能就不会被征税，这也让"月饼税"充满了不确定性。

第四，很多网民几乎完全不懂税法。没人喜欢被征税，当看到网上有反对的声音，马上有很多人出来支持。可是其中有不少啼笑皆非的说法，比如消费者购买月饼还要承担消费税。这一说法笔者怎么想也无法理解，不知道月饼生产过程中在哪个环节缴纳了消费税，莫非是辅料中有黄酒？

第五，我国的税收收入主要来源于间接税，而间接税的征收在我国并不在最终消费者获取的消费凭证中体现，因此很多消费者负担了税收，但并不知道负担了哪些税，负担了多少税。而另一方面，税务征收机关对税法的宣传比较被动。虽然每年4月的税法宣传月随处可见穿着制服的税务工作人员，但大多只是采用摆摊、发放宣传资料等传统宣传手段，并不能让纳税人更多地了解专业的税法知识。缺乏了解，是误解产生的温床。

除了缺乏税法基本知识，在通过媒体得知与普通纳税人关联度最高的个人所得税中，超过60%是工薪阶层贡献的，而那些大企业家、富豪却不是个人所得税的主体，这让大众感觉征税不公平。很多人认为，交税是为了让政府把税款集中起来为民造福，如果怎么花都不知道，这个人所得税交了有什么意义？财政收入使用的不透明，让大众感觉税收收入好像并没有完全取之于民、用之于民，于是关于税的话题就很容易在公众中变成负面话题。

"月饼税"、"加班税"听上去虽然荒诞，但也体现了一定的民意。在物价高企的今天，立法机构也应该给老百姓一些实惠，对于工薪阶层的税收给予一定的减免，特别应该考虑我国的实际情况，让公众不至于取出"粽子税"、"元宵税"之类的怪名字了。

笔者以为，对于政府来说，税收不应该是收入，而是政府的一项负债，是政府还未提供公共服务而向公众借的一笔债务。对于个人来说，纳税除了是一种义务，以确保政府能够正常运营，不至于出现政府关门的情况外，更应该是一种投资，是纳税人先交给政府，并以政府提供个人无法自行实现的公共服务作为回报的一项投资，而不是一种消费。政府除了消耗其中很小的一部分用于政府行政机构运行费用以外，其他的都应该用于提供符合纳税人需要的公共服务，当完成这部分行政事务后，负债才算偿还。如果政府真的做到了这一点，我想，加班费就会和"加班税"彻底分手了。

税务小贴士

富兰克林把纳税与死亡联系在了一起，说明纳税的不可避免和不受欢迎。没有人愿意看着到手的钱被政府征一道税，但征税是由国家强制力作为保障来执行的，因此纳税人只能退而求其次，希望自己的纳税能够得到政府征税时承诺提供的公共服务。当政府无法满足纳税人对公共服务的要求，则纳税人就会对政府的征税行为表示不满。这种不满会体现在想办法逃避纳税义务，对与政府征税行为有关的信息表示出强烈的负面情绪等。

税法小知识

我国现行由税务机关征收的税种有 16 种：增值税、消费税、营业税、企业所得税、个人所得税、城镇维护建设税、房产税、土地增值税、资源税、印花税、车船税、城镇土地使用税、契税、车辆购置税、耕地占用税、烟叶税。

由海关征收的税种有一种：关税。

海关在进口环节还会根据纳税人进口的货物不同，征收关税、进口环节消费税、进口环节增值税及附加税。

TAX

大病医疗保险金到底该不该缴个税？

    上个月一次聚会，交谈中一个学生说起他的一个朋友 H 得了白血病，已经有一年多没有工作了，目前在寻找合适的骨髓，如果找到了能够配对的骨髓就要马上移植，之后要经历两年多的恢复期。他测算了一下，总共需要大约 100 万元 ~ 120 万元的费用。H 本来供职于一家金融机构，自己是高管，薪水不菲，家里颇有些积蓄。但是即便如此，这次大病也让他的家庭承担了数十万元的负债。

    在座的其他学生纷纷说起现在空气污染严重，食品安全问题令人担忧，以前很少听到谁家有人得白血病等重大恶性疾病，现在似乎经常能听到或看到。再加上医疗费用日益昂贵，很多有了这种病人的家庭，负担极其沉重。于是，保险公司纷纷推出了大病医疗保险的商业险，身边购买的人也越来越多。我当场做了一下调查，在座有超过 4 成的人已经购买或者有意向购买大病医疗的商业险，据说，虽然各保险公司的产品略有差异，但大致能覆盖约 30 种重大恶性疾病。

我在上海市人保局的官网上查了一下，在一个医保年度内（每年 4 月 1 日至次年 3 月 31 日）符合本市基本医疗保险规定的住院费用，累计超过起付标准 1500 元以上的部分，由医保基金支付 85%；超过最高支付限额 28 万元以上的医疗费用，由医保基金支付 80%，其余部分由个人自负。

但由于治疗重大疾病的一些器材和药品不在基本医保的范围之内，即便医保每年能承担 28 万元医疗费以外的 80%，依然让很多病人家庭捉襟见肘，于是，一些地区出台了大病医疗社会统筹的制度。比如北京市《大病医疗保险工作程序》就规定：凡符合参统条件的企业，须持企业《工商营业执照》或营业执照副本到所在区县社会保险经办机构办理参统资格认定手续，经审核后，与社会保险经办机构签订《北京市企业职工和退休人员大病医疗费社会统筹协议书》。缴费后，凡参统企业职工发生的医疗费用在大病医疗统筹基金支付报销范围内的，须由企业将职工的规定材料交由社保经办机构办理支付报销手续。

当然，不是所有的地区都在基本医疗保险制度之外建立了大病医疗补充保险制度，于是网上一则《国税总局：个人所缴大病医疗保险金须纳个人所得税》（http://news.qq.com/a/20130205/000125.htm）的新闻引起了众多网友的热议。我去国税总局网站上看了纳税服务司的官方解答，发现总局的答复中少写了一句话，"大病医疗保险属于商业保险"，而这个新闻的标题也写得过于简略。

一般而言，只有收入才涉及要不要缴税的问题，而没听说过支出还要缴个税的。比如工资、薪金收入要缴纳个人所得税，但国库券利息收入是不需要缴纳个人所得税的，而所有的个人支出只看是不是能在税前列支，比如个人工资中单位集体代扣代缴的五险一金是可以税前扣除的，纳入社保统筹范围的大病医疗补充保险也可以税前扣除。而个人购买的商业保险，包括意外保险、大病医疗保险等，都不能税前扣除，其实质就是我们拿税后收入去买商业保险。

这里要说明两个问题：第一，大病医疗保险金到底能不能在个人所得税前列支？第二，大病医疗保险金到底该不该在个人所得税前列支？第一个问题说的是目前法律的执行标准，而第二个问题说的是大众对于现行法律的评判和意愿。

国税总局的答复就是第一个问题的答案，完全没有异议。按照我国现行税法，商业保险不在个人所得税前列支标准范围内，因此不能税前扣除，那么相当于个人缴纳的商业保险中的大病医疗保险金是由个人完税后的收入承担。而第二个问题，大病医疗保险金到底该不该在个人所得税前列支，其实是我国个人所得税税制改革的问题。

有网友说，救命钱也要征税，其实交给保险公司的大病医疗保险金并不是救命钱，因为如果你已经得病了，保险公司根本不会卖相应的保险给你。而如果你交了保费，最后得病了，保险公司给你的赔偿金才是救命钱，而这部分保险赔偿金在我国是不征税的。所以不存在救命钱还要征税的说法。

还有网友说，即便是商业险，大病医疗保险金还要征税，对个人而言是不公平的。大家知道，购买大病医疗保险是个人行为，如果给购买该险的个人支付的保险金可以税前扣除的待遇，那么就会出现这种情况：拿一样工资的两个人，A购买了大病医疗保险，B未购买，A的工资可以扣除他缴纳的保险金，而B扣不了，于是B就会比A多缴一定金额的个人所得税，这对B公平吗？目前缴纳个人所得税的自然人中，是买商业险的大病医疗保险的人多，还是没有买的人多呢？我想还是没有买的人更多一些，如果允许商业险的大病医疗保险金可以税前扣除，那么对没有买的大多数人是否公平呢？

我国现行个人所得税法是对个人分类征收，这与国外个人所得税采用以家庭为单位的综合征收方式是有很大区别的。在我国，同一公司里拿一样工资的两个人，不管你的负担有多少，已婚或未婚，基本缴纳一样金额的个人所得税。这种不考虑个人实际负担的税法，的确是需要继续完善的。因此，我国个人所得税的改革只有充分考虑到个人的综合负担（需要赡养的老人和抚养的未成年人数、基本住房按揭贷款、法定抚养的未成年人的教育经费、法定赡养人和抚养人及本人的医疗费用等），设定合理的税前扣除范围和标准，才能让个人所得税法真正起到调节收入的作用，让纳税人更能感受到税法的公平性。

税务小贴士

税收除了具有无偿性和强制性的特点以外，还具有公平性的特点。关于公平性，我想起一个类似的现象。很多人对于高考颇有诟病，认为高考对于我们现行的教育体制而言没有一点益处，应该取消，可是我却赞同另外一种不同的意见。

高考固然有"一考定终身"等痼疾，可是最起码在高考面前无论来自城市还是农村的孩子都是在公平竞争的。只要个人努力，再加上一点运气，都还是有机会进入一所高等学府去继续学习的。如果真的取消了高考，完全由高校自主招生，那么那些农村的孩子，还有多少能进入城市里的大学继续学习？

税法属于法律的范畴，也应具有所有人在其面前一律平等的特性，而不能因为纳税人自己做了什么自主选择的行为，就可以享受税收优惠，否则这对大多数无法自主选择的纳税人而言，就是一种不公平。

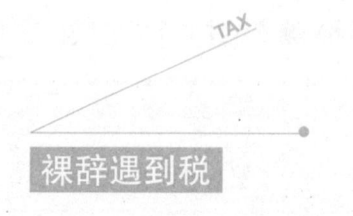

裸辞遇到税

因为房子，有了裸婚，而跳槽时也出现了一种新现象——裸辞。

第一次听到这个词是从一个小师妹口中，我颇诧异了一会儿。何谓裸辞？即没有寻找到新的工作，就先向目前工作的公司提出了辞职。我问了一下小师妹的合同到何时为止。她说还有一个月，但是这个月去南极的机会很难得，以后再去需要花两倍以上的钱才去得成。想来她在打字的时候一定是眉飞色舞的，我决定泼她一盆冷水：我建议你现在别辞职，再捱一个月。她说，为啥？

按照劳动法的规定，若不是因员工严重违纪，在合同有效期内员工被公司解聘，公司须对员工进行补偿，补偿的金额是该员工在本公司连续工作的工龄数乘以该员工上年度月平均工资。以我的师妹为例，若她去年平均月薪是 20000 元，而她在公司工作了两年，若公司辞退她，则她可以取得 20000×2=40000（元）的补偿金。

若不是公司辞退，而是劳动合同到期后不续签，则要区分是公司不愿续签还是员工不愿续签。若是员工不愿续签，则与员工自己提出辞职一样，没有补偿。但如果是公司不愿意与员工续签劳动合同，就必须按照劳动法的有关规定给予补偿，标准与在合同期内解聘员工的情况一致。即，若师妹一个月后合同到期，公司提出不愿意续签，则师妹同样可以取得 40000 元的补偿金。师妹听完，欢呼雀跃，她再捱一个月或许就能多一大笔旅费了。我等她欢呼完，开始讲老本行。

上海市 2011 年的职工平均工资是 51968 元，3 倍的金额是155904 元。她的离职补偿金是 40000 元，小于所在地职工年平均工资的 3 倍，则无须缴纳个人所得税。然而，若她的离职补偿金超过了所在地职工年平均工资的 3 倍，就需要缴税。假定她的月收入是 25000 元，在这个公司工作了 8 年，则可以取得 200000 元的补偿金，差额 200000 − 155904=44096（元）就需要缴纳个人所得税了。具体的计算过程如下：

44096 ÷ 8（她的工作年限）=5512（元）。以 5512 元作为她的月薪，减去现行 3500 元的扣除基数之后，按照个人所得税中工资、薪金七级超额累进税率计算每个月应该缴纳的个人所得税，(5512 − 3500) × 10% − 105=96.2（元），则她取得的这笔补偿金总共须缴纳个人所得税：96.2 × 8=769.6（元）。

有的员工离职时，企业要求其保密，并通过协议约定其在 3 年内禁止在本行业内任职的竞业限制。这种要求保密的竞业限制给予的补偿金，应该怎么缴纳个人所得税呢？

假定企业与小师妹解除劳动合同时，除了按照年限给予的补偿金，还要求她在 1 年内不得在同行业内的企业任职，签订了竞业限制的协议，并给予 120000 元的补偿金。就这笔补偿金，企业给出两种给付方式让小师妹做选择：其一，与离职补偿金一同给付；其二，平均到一年的 12 个月，每月支付 10000 元。

我国计算个人所得税是基于收付实现制，即现金发放方式会影响个人所得税的纳税金额。如果和离职补偿金合并在一起一次性给予员工，则在计算个人所得税的时候不需要区分员工取得这些补偿金的不同属性。假设小师妹选择了与离职补偿金一同领取竞业限制补偿金，则需要合并缴纳个人所得税。（200000＋120000－155904）÷8=20512（元），20512－3500=17012（元），适用 25% 的税率，则小师妹需要缴纳（17012×25%－1005）×8=25984（元）的个人所得税。

如果小师妹选择了方案二，则在离职时缴纳 769.6 元的个人所得税。剩下 12 万元作为每个月的工资、薪金，每个月缴纳（10000－3500）×20%－555=745（元），全年共需缴纳 8940 元的个人所得税。小师妹取得的所有离职补偿金共缴纳个人所得税 9709.6 元。比一次性领取补偿金少缴税金 25984－9709.6=16274.4（元）。

但有时候我们离职时的工龄不一定恰好是整数，那么超过半年的按照一年计算，不满半年的就补偿半个月工资。有的时候，补偿金中还包含了应缴纳的基本社会保险金和公积金，那么在计算应缴纳个人所得税时，可以扣除应缴纳的社保金和公积金。若师妹的补偿金中包含应缴纳的社会保险金和公积金 20000 元，则她应缴纳的个人所得税为：（44096 — 20000）÷8=3012（元），小于 3500 元的法定扣除基数，则这部分补偿金就不需要缴纳个人所得税了。笔者测算了一下，在目前 3500 元的免征额情况下，员工取得的离职补偿金是该地区上年度职工平均工资 3 倍的 1.1867 倍以内，基本不需要缴纳个人所得税。

税务小贴士

　　作为一个经济人，每个人都需要掌握一点税法知识，或者在身边应该有一个懂财税的朋友，这样在自己要做出某些影响个人收入的行为时，可以考虑得更全面。顺应税法的要求做出相应的行为，以减少某个行为对个人收入的影响。

　　税法并不会管个人怎么做，但是你的行为最终会影响到你的收入，而税收是影响你收入的因素之一，所以应该慎重，应该学习一点税法知识。

TAX

提前退休又就业，咋缴税？

我在一个学院讲课时，有一位年长的学员 L 女士咨询：她原是一家国有企业的财务人员，后来企业改制，经协商，她拿了一笔一次性补贴并办理了提前退休的手续。目前她在一家外资的 H 公司里担任财务，下个月就到退休年龄，可以从社保局领取退休养老金了。她有点不清楚，她拿到的这些钱哪些可以免税，哪些要缴税？如果要缴税，该怎么缴税？

首先，按照我国税法的规定，职工退休后从社保局领取的法定养老金可以免交个人所得税。所以，L 女士下个月起领取的养老金可以不用交个人所得税。

而她办理提前退休手续领取的那笔一次性补贴款，不属于国家规定的免税的离退休收入，应按照"工资、薪金所得"项目的七级超额累进税率计算并缴纳个人所得税。计算公式：应纳税额 = {[（一次性补贴收入 ÷ 办理提前退休手续至法定退休年龄的实际月份数）—费用扣除标准] × 适用税率—速算扣除数 } × 提前办理退休手续至法定退休年龄的实际月份数。

假设 L 女士办理提前退休手续时领取了 63600 元的一次性补贴，还有 12 个月到法定退休年龄，需缴纳个人所得税 ={[（63600÷12）− 3500]×10% − 105}×12−900（元）。实际上相当于把这 63600 元的一次性补贴平摊到 L 女士从办理提前退休手续到正式退休的 12 个月里，按每个月 5300 元的月收入，扣除 3500 元的免征额之后，计算出每个月应该缴纳的个人所得税税金，再乘以 12 个月，计算出这 63600 元总计应该缴纳多少个人所得税，并一次缴纳。

办完提前退休手续后，L 女士去外资企业 H 公司担任财务负责人，拿到了 8000 元的月薪，在扣除个人承担的社保和公积金后，这笔薪水跟企业的其他员工的薪水一样计算个人所得税。

等 L 女士办理退休手续后，H 公司决定返聘她，待遇不变。由于 L 女士已经退休，因此企业聘用她所发生的支出，只有同时符合以下条件，才能视为 L 女士的工资薪金所得：(1) L 女士与用人单位签订　年以上（含　年）劳动合同（协议），存在长期或连续的雇佣关系。(2) L 女士因事假、病假、休假等原因不能正常出勤时，仍享受固定或基本工资收入。(3) L 女士与单位其他正式职工享受同等福利、培训及其他待遇。(4) L 女士的职务晋升、职称评定等工作由用人单位负责组织。如果 L 女士在 H 公司的工作不能同时满足以上条件，则她的这 8000 元的收入就应该按照劳务报酬所得计算扣缴个人所得税。笔者在《莫言的税生活》一文中对具体计算方法有比较详细的阐述。

当然，任职期间，企业给 L 女士发放的所有福利待遇，与其他在职员工一样，该算福利的算福利，该算工资的算工资，总之，一切照旧。

假设 L 女士从 H 公司退休后，并没有在 H 公司继续任职，而是去了 W 公司继续工作。春节前，原任职的外资 H 公司和现任职的 W 公司都给 L 女士发放了一笔过节费。按照税法规定，离退休人员从原任职单位取得的各类补贴、奖金、实物，应在减除费用扣除标准后，按"工资、薪金所得"应税项目缴纳个人所得税。则这两笔过节费，都需要与 L 女士从 W 公司取得的当月工资、薪金合并在一起，计算并缴纳个人所得税。

又有学生问：他们公司有一位达到离退休年龄，但确因企业生产经营需要，适当延长离退休年龄的高级专家，他的工资、薪金、奖金、福利等该怎么缴纳个人所得税？

现行税法规定：延长离休、退休年龄的高级专家，是指享受国家发放的政府特殊津贴的专家、学者，中国科学院、中国工程院院士。所以并不是企业认为其是高级专家，其就可以享受免税的待遇。对高级专家从与其建立劳动人事关系所在单位取得的，单位按国家有关规定向职工统一发放的工资、薪金、奖金、津贴、补贴等收入，视同离休、退休工资，免征个人所得税。除上述收入以外各种名目的津贴、补贴收入等，以及高级专家从其劳动人事关系所在单位之外的其他地方取得的培训费、讲课费、顾问费、稿酬等各种收入，依法计征个人所得税。

总之，签订超过一年的劳动合同，建立长期雇佣关系，与其他在职员工同等待遇是该离退休人员取得的所得按照工资、薪金缴纳个人所得税的必要条件，否则就很可能要按照劳务所得多缴税了。

税务小贴士

同样的收入，由于年龄、专业水平的不同，缴税金额也不同。而同一个人，跟不同的单位签订不同的协议，缴税金额也不同。所以说，税收筹划也是一个技术活啊。

个税也是 80 后，数变方得入厅堂

个人所得税最早起源于 1798 年的英国，发展至今已有 200 多年历史，全球约有 150 个国家开征了个人所得税。这么说起来，个人所得税跟咖啡一样也是舶来品，只是进入我国比较晚。

民国时期，政府曾开征过针对个人工资、薪金、投资证券收入及存款等的税，只是当时不叫"个人所得税"，叫"薪给报酬所得税"和"证券存款利息所得税"。新中国成立后，1950 年 7 月，当时的政务院（国务院的前身）公布的《全国税政实施要则》中，列举了对个人所得征税的两个税种，并沿用了民国时期的名称——"薪给报酬所得税"和"存款利息所得税"。存款利息所得税当年即开征，税率为 10%，后调整为 5%。而由于那时我国生产力水平低，在计划经济体制下长期实行平均主义的低工资制，针对工资、薪金的个人所得税一直没有开征，转眼到了 1980 年。

1980 年是党的十一届三中全会做出改革开放重大决策的第三个年头。著名财经作家吴晓波先生在他的《激荡三十年》中对

1980 年的描述是：告别浪漫时代。

那一年发生了诸多大事：经济特区诞生、浙江民营经济潮头初起、里根担任美国第 40 任总统、《第三次浪潮》面市（两年后才悄悄地进入中国，小范围内部发行）、中关村萌芽。而在我国的税法历史上，有一件事情要载入史册，那就是为了响应"对内搞活、对外开放"的经济政策，1980 年 9 月 10 日由第五届全国人大第三次会议通过了《中华人民共和国个人所得税法》，之后又陆续出台了《中华人民共和国城乡个体工商业户所得税暂行条例》和《中华人民共和国个人收入调节税暂行条例》（有一定阅历的人可能还记得，有段时间，"个人所得税"还有一个名字叫"个人收入调节税"）。

上述三个个人所得税收法律法规的颁布实施，对于增加国家财政收入、调节个人收入水平、促进对外经济技术合作与交流起到了一定的积极作用。

按照个人所得税法的诞生日期来看，我国的个人所得税是个不折不扣的 80 后。

作为 80 后的《中华人民共和国个人所得税法》（以下简称个人所得税法）刚诞生时只有 15 条，作为一部法律来说简陋了些，但它却是我国税收法律体系中为数不多经人大立法的法律，具有比目前《增值税暂行条例》更高的法律级次。个人所得税法出台后，在执行过程中，国家税务总局又颁布了一系列的行政法规和部门规章，也就是一些税务专业人士津津乐道的"国税发"、"国税函"、"财税"字号的税务文件。

回顾个人所得税的童年时期，对其贡献最大的基本上都是外籍人士，10 条个人所得税法规中有 9 条半是对外籍人士在我国缴纳个人所得税所做出的规定。这也能理解，那个时候，居民的平均工资只有五六十元，各地虽略有不同，但相差不大，800 元的免征额遥不可及，所以个人所得税在 1984 年之前只停留在老百姓的传说里。而现在网上热议个人所得税话题最多的"80 后"生力军，那时也还在童年时代，他们并不知道这个和他们同龄的税收法律日后会对自己产生巨大的影响。

随着我国改革开放形势的变化及经济结构的不断调整，个人所得税法及其实施条例经过了多次大大小小的修订和补充，其中最引人注目的税前费用扣除额（免征额，也有人称作起征点）也经历了从 800 元到 1600 元再到 2000 元的数次调整。

如果要了解个人所得税的历史，还有几个里程碑式的年份是不能错过的。随着改革开放的深入，我国的经济发展带动了居民收入的增长，1986 年财政部出台了关于征收奖金税、工资调节税的通知，这个通知初次明确了对国内居民征收个人所得税的规定，个人所得税从昔日老外堂前燕，正式飞进寻常百姓家。

由于按国内外个人分设两套税制、税政不统一，同样是个人收入，不同对象遵循不同的税法，缺少了规范性。1993 年，八届全国人大常委会四次会议发布了新修改的《中华人民共和国个人所得税法》，1994 年，国务院配套发布了《中华人民共和国个人所得税法实施条例》，以统一税政、公平税负、规范税制。

1999 年也要提一下，这一年我国对居民储蓄利息、出售住房所得开始征收个人所得税。虽然那时国内的房地产市场还未像现在这般风起云涌，但是立法走在了房价的前面，开始对出售住房所得征税了。

2005 年是个人所得税历史上不可忽略的年份，国家对个人股票期权开始征税，并印发了《个人所得税管理办法》。国务院修改了《中华人民共和国个人所得税法实施条例》，这是第三次修订个人所得税法，也是一次内容变动极大的修订。同年，国务院还制定了《个人所得税全员全额扣缴申报管理暂行办法》，原来只有超过免征额的居民需要申报个人所得税，之后，所有取得收入的个人无论是否达到纳税标准，都必须由支付收入的单位申报个人信息，即全员申报。2007 年、2008 年全国人大都对个人所得税法进行了修订，法规越来越健全由此可见一斑。

由于我国的个人所得税法是人大立法，因此其修改程序也须通过人大的审议和表决。2011 年 3 月份，"两会"前夕召开的国务院常务会议，讨论并原则通过了《中华人民共和国个人所得税法修正案（草案）》。4 月 20 日，第十一届全国人大常委会第二十次会议初次审议了这个草案。当时的草案中，能称之为变化的只有三点：（1）工资、薪金的免征额从 2000 元变成 3000 元。（2）工资、薪金税率级次从 9 级变成了 7 级，级距也有所调整；个体工商户税率级距有所调整。（3）申报时限从 7 天延长至 15 天。

个人所得税法在我国的历史并不长，然而由于我国经济在改革开放的过程中变化极大，所以个人所得税立法也随着经济发展做着相应的调整，也算是"税家有女已长成，个税数变入厅堂。"

税务小贴士

我国税收立法总体层级不高，除了《中华人民共和国个人所得税法》、《中华人民共和国企业所得税法》和《中华人民共和国税收征收管理法》以外，其他的都是部门公告、局长令、国税发、国税函等部门规章。

立法层级不同，则修订的权限也不同。《中华人民共和国个人所得税法》的每次修订，特别是每次免征额的上调，都吸引着亿万老百姓的视线。

TAX

个人所得税免征额的成长史

说起个人所得税，一定要谈谈个人所得税的免征额，因为每次个人所得税的修订中，几乎都会有一次免征额的调整。

记得是 2010 年下半年至 2011 年 5 月，网上有许多关于税改的新闻，继车船税、房产税之后，个人所得税吸引了众多目光。其他税种改革涉及的大多是企业或一部分人，而个人所得税改革可能会使目前缴纳工资、薪金个人所得税的人数减少 70%，这样一个涉及大多数人切身利益的税收法律改革，在网上掀起了一波又一波热议。其中有关免征额的争论，共同的观点认为是应该上调，而争议的焦点在于上调的数额。那么，这个备受争议的免征额到底应该调到多少才是科学和公平的呢？让我们走近免征额。

免征额是个人所得税法规中最为大众熟知、知名度最高、曾用名最多的一个家伙：他有个学名叫减除费用，在专业圈子里称为免征额。绝大多数网友认为工资超过 3500 元要扣个人所得税，于是叫它起征点，这是一种误解，个人所得税法中没有起征点的概念。那么，起征点和免征额的区别在哪里呢？

营业税和增值税的法规中明确规定了针对个人、个体工商户和小微企业的起征点：按次缴纳的，为每次（日）营业额（销售额）300~500元。在这里，起征点的意思是：假设某省起征点定为500元，如果本次营业收入是499元就不用缴税，因为不到起征点。但如果本次收入是500元，则这500元全要缴税。也就是说在起征点上下只要相差1块钱，不但有质的变化——免税变成缴税，还会有量的变化——全额不缴税变成全额缴税。而个人所得税法中的免征额是指：当月工资、薪金不到3500元不交税，如果这个月工资在扣除法定的五险一金后有3600元，则只对超过3500元的那100元征税。

明晰了两者的区别后，我们来了解一下免征额的变化过程。虽然个人所得税法出台刚过而立之年，但和很多80后一样，免征额也有着如同升学般的成长经历。诞生于1980年的个人所得税法规定的免征额为800元，而上海市统计年鉴中显示，1980年上海市职工年平均工资为873元，即月平均收入72.75元，近10倍的差距如同宝马7系面对着捷达、富康。所以当时绝大多数民众对工资要缴个人所得税完全没概念，那不是他们要考虑的事。

在中国民众还不知道要缴个人所得税的时候，让我们去了解一下其他国家的免征额。澳大利亚公民每人每年的个人所得税的"免税额"为6000元澳币。美国税法规定的"宽免额"约为7500美元，但这不是一个固定的数额，是按年收入计算出来的。由于美国最低法定年薪都有上万美元，因此几乎每个有收入的人都必须缴税。与中国固定的免征额最大的不同在于，当美国个人收入达到一定水平后，"宽免额"与个人收入会成反比；当收入再提高到一定程度时，"宽免额"将为零，也就是说，他收入的每一分钱都要纳税。除此以外我们还发现，这些国家的免征额计算是按年，而我国规定的免征额是以月为单位。

在我国的个人所得税征收史上，免征额保持了前 26 年不变的纪录，"山中方一日，世上已千年"。在上海，1995 年是个转折点，那一年上海市职工年平均工资为 9279 元，月平均工资与 800 元的免征额基本相当。但 1995 年以后，上海市职工平均工资以每年 14% 的平均增幅上升，但免征额全然不动，部分人的月收入与免征额相比已经出现了倒挂，这种倒挂从此不曾改变。2006 年，免征额从 800 元翻了一番直接到了 1600 元。同年上海市职工年平均工资为 29569 元，也就是每月 2464.08 元，为免征额的 1.54 倍。但免征额为 1600 元的中学时光只维持了两年，2008 年迅速进入了 2000 元的大学时代。虽然上调了免征额，可那一年上海市职工年平均工资为 39502 元，月平均工资为 3291.83 元，也已经是免征额的 1.65 倍了。

2011 年 6 月 30 日，第十一届全国人大第二十一次会议终于修订了个人所得税法，免征额上调到 3500 元，原来的九级超额累进税率改为七级超额累进税率。对于各级收入承担税负的变动情况，几家欢喜几家愁。然而在房价顶到天花板、CPI 轻松过五的今天，个人所得税改革不仅要考虑财政收入增减的国家大局，也要充分考虑老百姓生活成本的具体问题，在综合考虑国家与个人双方的利益之后，应实实在在地提高居民收入的含金量，让白领的工资不再是月月"白领"！

税务小贴士

起征点与免征额是两个完全不同的概念。

个人所得税免征额的提高，毋庸置疑会减轻纳税人的税负。但是如何确定免征额，却需要经过很科学的测算。

虽然从个人的角度，免征额越高越好，但有一点可以肯定，像20世纪80年代那样，免征额是职工平均工资数倍的情形一去不复返了。

TAX

个人所得税免征额不宜一刀切

笔者曾经在接受记者采访时提出一个关于调整免征额的设想，当时就得到了不少朋友的认可。从 1980 年个人所得税法出台至今，免征额在全国都是一个同样的数字，但是相信各位读者都明白，我国幅员辽阔，从南到北，自东到西，无论是在岗职工平均工资、物价水平还是房价，都有较大的差异。那么如果与免征额有关的最主要的收入与开支水平相差较大，那么全国制定一个统一的免征额是否科学和公平？免征额是否可以是一个区间，而不是某一个固定的整数？我们来分析一下。

笔者没有在官方网站上查到各地的平均工资，但是据网友提供的数据，2010 年职工年平均工资，哈尔滨市 20400 元，广州市 57000 元，同样是省会城市，后者是前者的 2.79 倍。重庆市 27000 元，上海市 64200 元，同样是直辖市，后者是前者的 2.38 倍。职工平均工资水平代表着当地的物价水平和消费指数的高低，我国南北东西之间存在着成倍的收入差异，却采用同样的个人所得税免征额，就显得有失公允了。因此，笔者认为，如果我国目前尚不具备实行个人所得税按家庭综合征收的条件，那么是否可以根据一些比较公开透明的统计数据，将个人所得税的免征额制定得比较符合当地居民消费水平呢？我们来讨论一下。

如果全国人大通过的个人所得税法修正案中的免征额是一个区间，那么以区间的下限为基数，整理一下当地两年内的以下几个数据：职工平均工资、消费者物价指数、通货膨胀率、平均房价，将这几个因素作为指标，给每个指标以不同的系数，经过比较简单的测算会得出一个相对接近当地生活水平的指数，然后将这个指数乘以免征额，得出的积如果落在全国人大通过的免征额的区间内，就取整数，若超过免征额，则以全国人大制定的免征额区间的上限作为当地最近两年的免征额。各省市区政府将这个数据的计算过程及数据依据一并上报中央，经批准后可以在当地执行。

这种方法的好处在于相对充分地考虑了当地的生活水平及老百姓的承受能力，而不是在全国采取一刀切的办法。一刀切的问题在于目前的免征额在东南沿海发达地区的一类大城市不够基本生活开支，而在西部内陆一些城市，同样的免征额高于相当一部分老百姓的月收入。同时这种方法在操作上也比较简单，所有的指标都来自于各省级政府公开的统计数据，只是在制订系数的时候需要经过比较精确的测算，否则容易造成人为调节结果而导致失衡。

税制改革是个循序渐进的过程，绝不可能一蹴而就。而个人所得税法的改革也同样需要与目前的经济水平和税收征管水平相适应，否则就会导致政策与经济发展状况的不匹配。不管是姚明穿了潘长江的衣服，还是潘长江穿了姚明的鞋，都会造成行动不便。政府在关注民生上下了很多功夫，但是由于国情复杂，需要考虑及平衡的事情和因素太多，因此要做到绝对的平衡是不可能的。如何在有限的范围内让老百姓感受到政府的关怀，让老百姓的生活水平能提高得更快一些，是各级政府必须思考的。

税务小贴士

我国的个人所得税法目前还是一种比较简单的税收法律，这与我国目前实行的个人所得税分类征收的税制相适应，也与我国目前税收收入主要集中在间接税（增值税、营业税等流转税），个人所得税税收收入只占总税收收入约 6% 的情况相适应。

对免征额设定一个区间或许是可行的，关键在于对各地区各种数据的精确计算。

TAX

个人所得税怎么征？——不同所得，不同标准

英国自 1798 年开始征收个人所得税，按照家庭年收入采取累进税率：总收入在 60 英镑以下的免税；总收入在 60～200 英镑的，每英镑征收 2 便士（当时 1 英镑等于 20 先令，1 先令等于 12 便士。）税率约为 0.83%；超过 200 英镑的部分，每英镑征收 2 先令，税率约为 5%。英国在 1799 年征收个人所得税 600 万英镑（据说约合 2007 年的 51.2 亿英镑，按照 2007 年年初 1 英镑兑换 15.2308 元人民币的中间价计算，约合人民币 779.82 亿元）。在上海市税务局网站上可以查到，2010 年上海市征收个人所得税 653 亿元，2009 年征收 561.7 亿元。按照现行汇率折算，上海市 2009 年的个人所得税收入约与 210 年前英国 1799 年的个人所得税收入相当。

在个人所得税的各类征收项目中，最令人耳熟能详的是工资、薪金。按照目前实行的 3%～45% 的七级超额累进税率。笔者的学生中有些是传说中百万年薪的职场精英，他们的收入扣掉社保、

公积金等，一年缴纳个人所得税超过 20 万元左右，实际到手年薪约在 70 万元上下。他们缴的个人所得税比大多数工薪阶层的年收入都高，不愧是金领。

除了工资、薪金所得，个体工商户的生产经营所得和对企事业单位的承包经营、承租经营所得计税时，也是依据税率表的，不同的是后者按 5% ~ 35% 的五级超额累进税率计算。打个比方，如果一个修皮鞋的个体户每个月修鞋总收入是 6000元，他买零配件、摊位费等成本假设为 1500 元，那 4500 元的应税收入减去 3500 元的费用扣除额后按 5% 的税率，应缴纳 50元的个人所得税。但如果他雇了 20 个修鞋匠给他打工，每月收入可达 12 万元，扣除零配件、摊位费和人工工资后，他还剩下6 万元，则这 6 万元按照 20% 的税率计算，再扣掉 3750 元的速算扣除数（个人所得税实行差额累进税率，为了计算简便，除了第一级税率以外，都有个扣减数，即速算扣除数。纳税人可以找到应税所得所在税率档次，以应税所得乘以相应的税率，减去该税率档次的扣减数，直接得出自己应缴纳的个人所得税）后，要缴 8250 元的个人所得税。对企事业单位的承包收入每月可以扣除 3500 元的费用，剩下的余额按照五级超额累进税率计算个人所得税。

在劳务报酬所得的计算中，每次收入低于 4000 元的部分，扣除800 元，4000 元以上部分，扣除 20% 之后，适用 20% 的税率。对劳务报酬所得一次收入畸高的，可以实行加成征收。比如某演员的出场费是一次 10 万元，在 2 万元的费用扣除之后，剩下的 8 万元中有 2 万元按照 20% 的税率，还有 3 万元按照 30% 的税率，剩下 3 万元 按照 40% 的税率征收，这样计算下来他总共要缴纳个人所得税 2.5 万元。

本文中修鞋匠和演员这两个案例，前者是按照税率表，后者 是按照比例税率，分别代表了个人所得税的两种计算方法，供读 者了解。

计算稿酬所得时，每次收入低于 4000 元，扣除 800 元，4000 元以上部分，扣除 20% 之后，税率为 20%，并按应纳税额减征 30%。举例来说，一个作家出版了一本书，获得稿费 6 万元。可 以扣除费用 1.2 万元，之后的 4.8 万元按照 20% 的税率，算出来 是 9600 元，再打个 7 折，那么这 6 万元的稿费最终实际缴纳个人 所得税 6720 元。简单来说，每次稿费收入大于 4000 元的情况下， 实际税负为本次稿费收入的 11.2%。很多作家对稿酬收入的税负 颇有微词：酝酿一本书有时候要几年，沉下心来收集素材，闭门 谢客几个月才写得出第一稿，之后还要几度修改和润色方能定稿。 写完不是就结束了，运气好的能出版，有些还需要自己承销一部 分，运气不好的则没有面市的机会。但我国目前在征收个人所得 税的时候是按照实际取得稿酬的那一次来计算的，完全没有考虑 那么多年的脑力劳动和资料积累的成本，虽然有 20% 的扣除费 用，但可能连差旅费都不足以填补。有些作家网友自嘲道：还好 在以卖字为生之前已经吃胖了，否则很可能会被饿死。目前在征询意见的个人所得税改革草案中并未对此有所倾斜，笔者以为这一点还值得商榷。

笔者在此介绍了工作和生活中 4 种常见收入该如何计算个人所得税。读者由此可以了解到，个人取得不同项目的收入，会适用不同标准或比例的税率，但是最牵动人心的还是工资、薪金所得的纳税负担。由于在政府官网上并未列出个人所得税收入中工资、薪金纳税所占比重，借用媒体曾经报道过的：财政部官员坦言，工资、薪金所纳个人所得税占个人所得税总收入的 65%。哥尔博曾说过："征税要像拔鹅毛，拔了鹅不叫，这才是征税的最高境界。"个人所得税是由纳税人最终承担的直接税，纳税不可避免，那么如何提高征税的艺术，让纳税人感觉不到或者只感觉到很轻的痛苦，这本身也是一门艺术！

税务小贴士

我国个人所得税是以每个纳税人为单位分项征收，不同所得适用不同税目和税率。国家为了鼓励一些经济行为，会对这些行为所得所属的税目给予一定的税收优惠。

由于我国实行个人所得税分类税制，因此纳税人的不同类型的收入，即便出现了亏损，也不能相互弥补。

TAX

"劫富济贫"的非劳动所得征个税

    随着民营经济的发展和投资热的兴起，很多人除了打工者的身份，又多了一个投资人的角色，由此取得的非劳动所得占个人总收入的比重越来越大，与之相关的个人所得税问题也越来越引起税收主管部门的重视。

    非劳动所得，也称财产性所得，包括在个人所得税法中所列举的财产转让所得，利息、股息、红利所得，财产租赁所得，特许权使用费所得，偶然所得和其他所得。个人所得税法规定，这些项目统统适用 20% 的比例税率。其他所得相对通俗易懂，我们来了解一下什么叫特许权使用费所得。特许权使用费所得是指个人将所持有的专利权、商标权、著作权的使用权（不包括稿酬）、非专利技术以及其他特许权的使用权提供给其他人使用所取得的收入。个人将自己的专利借给别人使用所获得的收益，就属于税法所说的特许权使用费所得。

    工资、薪金、稿酬等劳动所得在计算时，工作量有明确的计算方式，金额相对公开透明，又有支付单位代扣代缴，税率是一目了然的，所以在征管上相对简单。而非劳动所得，取得没有固定的规律，具有一定的隐蔽性，一般情况下取得次数少而金额相对高，因此在征管上就存在着一些盲区。

2010 年 5 月，国税发〔2010〕54 号文中，就加强对高收入者主要所得项目的征管有了明确的描述：首当其冲的就是财产转让所得，对于限售股转让所得、非上市公司股份转让所得、房屋转让所得、拍卖所得这四项非劳动所得要加强管理；其次是利息、股息、红利所得，上市公司、股份公司分配股息、红利时，用企业的税后未分配利润、资本公积等权益转增资本时，公司向个人借款支付利息时，公司股东及家庭成员的个人开支在公司列支、向公司借款时，这些涉税行为是否都扣缴了个人所得税，都需要认真查证。当然还有其他金额较大的个人所得税涉税项目，比如演艺、理财等报酬较高的劳务报酬所得的个人所得税缴纳情况，外籍高管的个人所得税缴纳情况，规模较大的个人独资企业的个体户承包所得的个人所得税缴纳情况等。

这个文件只是罗列了高收入人群的高收入主要来源于哪些行业或项目，提醒各级税务主管机关在征管中加以注意，但并没有具体的措施。11 个月以后的 2011 年 4 月，国家税务总局又颁发了对高收入者加强征管的法规，国税发〔2011〕50 号文，针对高收入者来自哪些行业或项目的高收入提出了切实的征管措施。比如，对自然人转让股权（股份）进行个人所得税征管时，要与工商部门密切配合，因为企业的股东变化需要做法人营业执照变更，如此一来，个人所得税征管就不再局限于税务机关内部了。在对房产转让所得进行个人所得税征管时，税务部门会与相关的房产登记部门及拍卖单位加强联系，及时掌握房屋变动的相关信息，完善征管的链条。而对于利息、股息、红利所得的征管，税务机关对于那些连续赢利但不分配股息、红利的企业，核定征收（即带征）企业的个人投资者，实施重点跟踪管理。企业注销时个人股东税收清算也被列入重点关注的项目。可见，2010 年的文件指出了哪些地方有高收入，而 2011 年的文件解决了对这些高收入加强征管的可操作性问题，落实了如何按照相关法规去征收这些高收入者的个人所得税。

高收入者多缴税，这在国外也一样。笔者在以前的文章中曾写道：美国收入高到一定的水平，宽免额（免征额）将为零。这在一定程度上体现了税收调节收入的作用。如今，降低工薪阶层工资、薪金的税收负担已成定局，据报道，约 88% 的工薪纳税人会因为免征额的上调而不再缴纳个人所得税。那么这部分减税形成的税收收入缺口，怎么补呢？笔者认为，通过对非劳动所得加强征管，会增加一部分税收收入，同时不排除未来会提高财产性所得的税率，以弥补因提高免征额后工资、薪金税收收入降低而可能产生的缺口。

税务小贴士

　　每个个人所得税种其实都有一定的生命周期，同时个人所得税的税种也会根据社会和经济情况的发展，在征税范围、税目、税率、税收优惠政策等方面有一定的调整。

　　最早的个人所得税是为了在外籍人士进入中国时，对其在境内领取的高薪征税而出台的。由于 20 世纪 80 年代我国个人拥有的私人财产很少，财产性收入就更少，因此那时候的个人所得税法主要关注工资、薪金。时至今日，由于免征额的不断上调，很多低收入的工薪阶层已经不需要缴纳个人所得税。而随着经济的发展，个人拥有的私人财产日渐增多，相应的财产性收入也越来越多。在这种情况下，个人所得税的征收重心也逐步向高收入者和财产性收入倾斜。

TAX

个人所得税改革，新瓶装老酒

2011 年 6 月，第十一届全国人大常委会第二十一次会议再次审议个人所得税法修正案草案，草案维持一审时"工资、薪金所得减除费用标准从 2000 元提高至 3000 元"的规定，同时将个人所得税第一个级税率由 5% 修改为 3%。这是在人大官网上征求的 23 万条意见的基础上做了微调以后的草案。

6 月 30 日，人大投票结果出来了，个人所得税法修改草案正式将免征额上调到 3500 元，第一级税率降为 3%。生效后的个人所得税法不是马上执行，而是要等到 9 月 1 日。免征额比一审时的 3000 元略有些上浮，也算是人大常委会酌情考虑了民意和实际情况，做出了一定的姿态，但是修改后个人所得税草案真的起到了立法本意中高收入者多缴税、中低收入者少缴税或不缴税的作用吗？笔者用下面这个表格来说明一下。

个人所得税税改前后纳税负担比较表

四金后月薪	原税率	原应纳税	新税率	新应纳税	纳税收入比	比原来少缴税	纳税变动收入比
5000	15%	325	3%	45	0.90%	− 280	− 67.20%
8000	20%	825	10%	375	4.69%	− 450	− 67.50%
21500	20%	3525	25%	3525	16.40%	0	0.00%
40000	25%	8125	30%	8225	20.56%	100	3.00%
45000	30%	9525	30%	9725	21.61%	200	5.33%
65000	35%	15675	35%	16050	24.69%	375	6.92%
95000	40%	26825	45%	27700	29.16%	875	11.05%
105000	45%	30975	45%	32200	30.67%	1225	14.00%

从上表可见：扣除四金后月收入（以下简称为月薪）为 3500 元的，税改后这个数字的月薪可以免税了，每年降低税负 1500 元，相当于每年多发半个月左右的工资。相对来说，月薪在 5000 元的纳税人所享受到的减税幅度最大，年度税负减少 3360 元，相当于一年多发大半个月的工资。月薪 8000 元的纳税人也享受了近乎同比例的减税优惠。该法案修改前后的税负变化分界线为月薪 21500 元，这个数字的纳税人是这次税改的"局外"人，无法从本次税改中有什么收益。

纵观本次个人所得税改革，免征额的变动并没有多少新意。虽然从绝对数上看，有近 6000 万纳税人从此暂别个人所得税，但是对于其他纳税人呢？这次个人所得税改革有没有让纳税人感受到实实在在的好处呢？从上表可见，月薪为 4 万元的高收入者，每月只多缴税 100 元，月薪为 5 万元的每月只多缴 200 元。这样的税改政策，能起到多大的调节收入差距的作用可见一斑。这部分人对税改基本持观望态度，因为再改，他们也基本无法从目前的个人所得税征收体制中受益，因此这部分人对个人所得税改革漠不关心。月薪多于 21500 元的纳税人中，只有少部分收入极高的纳税人的税负有了一定的提高。原因是税率级距的调整，新法中取消了 40% 的税率，这让月薪为 8 万元～10 万元的纳税人增加了负担，其中月薪为 9.5 万元的纳税人，每年要多缴 1 万元左右的税。月薪多于 10 万元的纳税人，税负明显提高，新增税负占月薪的比例将会超过 14%。

其实就免征额而言，调整幅度也算是很大了，从 2000 元调到 3500 元，上调幅度高达 75%，这在其他税法改革过程中还是较少见的。但为什么这样一个看起来已经很到位的改革政策，网民的反应却并不是一片叫好声呢？

网友们已经给出了很多理由，在此不再一一赘述。如果就本次改革而言，免征额上调到 5000 元又如何？在 CPI 险些破 6 的情况下，这一碗水能解几人之渴、多久之渴？

虽然全国只剩下 2400 万人缴纳个人所得税，但并不能说明个人所得税改革已经成功。如果夏天你为家里的电费账单发愁（前提是电费增加不是电力公司计算错误导致），说明你在 37 度的高温中还能开启空调。虽然所有人都不喜欢缴税，但能缴个人所得税最起码表示月薪超过了免征额，一下子有 6000 万人告别个人所得税，只能说明我国在职职工的收入还不高。

这次个人所得税改革减少约 1600 亿元税收收入，政府做出这样的让步能让老百姓真正感觉得到实惠了吗？何时个人所得税的征收能从分类税制转型为综合税制，让广大国民享受到与外籍个人类似的个人所得税优惠政策，而不在我们留给孩子交学费、给老人看医生的钱中分去部分？

税务小贴士

　　我国目前采用的个人所得税税制模式是分类税制。即将个人的各种所得划分为多个类别，每个类别分别适用不同的费用减除规定、税率和计税方法。每个类别的所得独立计算应交税金。其优点是广泛采用源泉课征，可以控制税源，减少汇算清缴的麻烦，节省征纳双方的成本。其缺点在于，收入来源渠道多的个人，可以多次扣除费用，分别适用较低税率的情况；而收入主要是工资、薪金的广大工薪阶层，由于收入来源集中，需要承担更多的纳税义务。分类税制的这种特点导致现行的个人所得税法对高收入者的调节作用甚微，且不考虑纳税人的家庭负担，因此显失公平。

　　个人所得税综合税制则将纳税人在一段时间内的各种所得综合起来，减去法定减免和扣除项目的数额，就其余额按累进税率征收。优点：在一定程度上考虑到了纳税人的家庭负担，能够较好地体现税收的量能负担原则。缺点：对不同性质的所得不能实行差别待遇，且征税成本高，纳税人每个月先按收入扣税，然后到年底再进行汇总的清算，因此这种方法对个人申报、个人年度汇总清算和税务机关征收及稽查水平要求较高，必须具备发达的信息网络和全面可靠的原始资料。

税收量能负担原则：该原则认为，税收的征纳不应以形式上实现依法征税，满足财政需要为目的，而应在实质上实现税收负担在全体纳税人之间的公平分配，使所有的纳税人按照实际纳税能力负担其应缴纳的税收额度。

TAX

农民工该不该缴个税？

　　有段时间提到涉税新闻，安徽比较红，原因有两个：其一，安徽被纳入第二批"营改增"试点范围，须在 2012 年 10 月 1 日完成新旧税制转换；其二，安徽省合肥市地税局出台了《关于加强我市建筑安装业个人所得税征收管理有关问题的公告》。

　　农民工面临严峻的生存状况是有目共睹的。去年邻居装修房子时，我曾经跟装修队的农民工聊过几句，他们虽然有一定的业务渠道，但由于没有资质，行业进入门槛低，业务量很不稳定，经常是打一枪换一个地方，饥一顿饱一顿。无论从理智上还是感情上，大家都不忍心看到农民工那少得可怜的收入还要被政府使用税收工具再分配一次。于是媒体上一片哗然：税务局真黑啊，居然向可怜的农民工兄弟们下黑手，真是"叔可忍婶不可忍"！

　　可是，看过这个公告后，我发现合肥市地税局真的有点冤。首先，从文件名就能看出这是一个加强征收管理的公告。由于实体经济的普遍滑坡，各地上半年税款征收指标的完成情况都不怎么理想，有些地方甚至出现了负增长。于是，各地税务机关为了完成征收任务，各出奇招，其中所有税务机关都会采取的措施就是加强征管。合肥地税局的这个公告只是众多有关加强征管的文件中的一个，本来并不可能引起那么强烈的反响。可是，为什么它就引起了这么大的轰动，公众的认识与税务机关的本意为什么会产生那么大的差异？税务机关只是要加强征管，而公众却认为是向农民工开征了个人所得税呢？

相信大家知道，我国的立法机关就是全国人大和地方各级人大。开征新税种、扩大旧税种的征收范围、税率等，前者是立新法，后者是对旧法进行修订。无论是前者还是后者，都不是税务机关有权限能自己做出决定的。就拿在上海和重庆试点的房产税来说，即便我国已经实行了几十年的房产税，但之前都只是对企业征收，这次要扩大征税范围，向个人开征，就不是上海市或重庆市的税务机关能够自行决定的。因此，大家可以掌握一个技巧，只要看发文单位，就可以大致知道这个文件的层级，是立新法、改旧法，还是执行人大、国务院或各级地方政府已有的决定。

我们继续看合肥地税局的这个公告，第一条就很清晰地界定了这个公告要加强征管的是在合肥市以各类形式承包建筑安装业工程作业的个人承包人的个人所得税，这些个人承包人按照承包协议，取得的全部或者部分经营成果按照"企事业单位承包经营、承租经营所得"项目计征个人所得税。当然，税务文件首先是法律，其次由于使用了专业术语，有不少人并没有看懂这个公告的

第一条。而这第一条，恰恰就界定了这个公告的管辖范围。

我国的个人所得税法的征收项目中，除了普遍了解的"工资、薪金"所得，还有一类是"承包、经营所得"。有些自然人承包一个店铺、一家企业，他的所得和很多个体工商户的所得一样，需要按照承包经营项目缴纳个人所得税。如果某人被企业正式录用，并为其缴纳劳动保险，则企业给他的所有报酬都属于工资、薪金所得，按这个项目缴纳个人所得税。如果某人没有与企业签订劳动合同，只是临时性提供劳务，则企业给他的报酬就按照劳务所得缴纳个人所得税。让我们思考一下，农民工的收入是承包所得吗？明显不是！

农民工如果与建筑企业签订了劳动合同，则其收入和我们的工资一样，属于工资、薪金所得。但绝大部分农民工是没有与建筑企业签订协议的，因此，他们的收入应该属于劳务所得。可是无论怎么看，农民工的收入也靠不上"承包、经营所得"。因此，合肥市地税局的这个公告，加强征管的是建筑工程包工头们的个人所得税，并不是对农民工的。

不过，我国法律规定过农民工是免交个人所得税的吗？

有些人认为，农民工的收入很低，又不稳定，因此不应该向农民工征税。可是，收入低的不只是农民工，城市中众多的房奴，虽然拿着看上去不错的收入，可是在面临巨额房贷的压力时，还得挺着腰杆承受孩子进口奶粉的钱、各种教育开支、看病的医疗开支等，其生存压力并不比农民工小。房奴们也都是纳税人，为什么农民工就不应该缴个人所得税？

权利和义务在法律上是两件事。我国宪法规定，公民有纳税的义务，同时也有享受作为纳税人应有的权利。虽然我们对拥挤的公共交通、严重的城市污染问题表示不满，对上学难、就医难表示愤慨，可这些都不能构成我们不缴税的理由。同样，农民工的家庭收入低，这应该通过修订税法，将个人所得税转为以家庭为单位综合征收来解决这个问题，而不是说，因为这个原因，他就可以不缴税。

一直以来，我们总说西方国家是"法—理—情"，而我国是"情—理—法"。说归说，现在看一下公众对这件事情的各种说法，很明显就是把情放在了法前面。如同有人穿过红灯以后，回家教育孩子不要闯红灯一样，我们一直坚持着我们批判的，这也是目前公民意识的现状。

税务小贴士

保护弱势群体，并不完全是在物质上给予支持和帮助，固然这部分的需求目前是他们的第一需求。但是如同"授人以鱼，不如授人以渔"，如果弱势群体想要改善他们的生活现状，则更需要掌握捕鱼技巧。让他们全面了解他们的权利和义务，才是对他们最大的尊重。

TAX

幸运的人啊，要缴税

　　R是公司人事部负责人，每年年底都要负责筹办公司年会。除了各部门的节目需要协调，他在预算和奖品设置的平衡上也伤透了脑筋。好在前几年已经有了一个很好的编外奖品顾问F，每次奖品的设置只要跟他沟通一下，基本上都能颇受好评。F能成为奖品"顾问"绝未偶然，他就像顶着小太阳的幸运星，只要参加的活动有抽奖的环节，他基本都能中奖，区别只在于奖品的价值，他抽到过数字电视，也抽到过一条毛巾。随着中奖次数的增多，他也更乐于参加各类年会，对奖品的设置也有了更多的认识。

　　R在跟F讨论过以后，决定今年买一堆各式各样的苹果产品，小到播放器，大到高配置的苹果电脑，奖品陈列区变成了苹果产品展示区。奖品抽出，F如愿以偿，得到了那台垂涎已久的苹果电脑。可是第二天上班，F接到财务部的电话，他抽到的那台苹果电脑的价格将合并到他本月的工资，扣个人所得税。F当时就义愤填膺，中了那么多回奖，包括参加外面的活动中奖，从来没有要代扣个人所得税的。去年在公司年会上副总抽中了一部手机也没扣税，今年怎么就要扣税了呢？他立刻拨电话给私交不错的财务总监K，K告诉他，财务部那位同事的做法是正确的。

按照我国的个人所得税法，个人取得的与任职、就业有关的现金、有价证券、实物等，都需要按照个人所得税中的个人薪金所得，缴纳个人所得税。有些企业对发放给员工的工资进行人为的划分，比如基本工资、岗位工资、绩效工资、房贴、物价补贴、服装费、书报费等。缴纳社保和公积金的时候按照基本工资来计算，其他统统都不包括，这样一来企业的用工成本降低，但员工的长期利益却受到了损害。企业自己受益后，也会帮助个人做点个人所得税上的小文章。比如把车贴从发放现金改成购买交通卡，发票入账做出费用，然后每个月发交通卡；比如过年过节买卡或者礼品券作为福利发放；比如抽奖设置高额的奖品或者组织出国旅游等，因为这样能取得正规发票，于是企业做了成本，而个人也少交了税，两头得益。各种避税手法层出不穷。

K悄悄告诉F，这次抽奖之所以会扣个人所得税，缘于去年年底注册会计师进行年报预审时的一张抬头是个人的轿车发票。公司在去年年中的时候，西南区一个业务总监费尽心思从竞争对手那里抢到了一个极大的单子，相当于西南区去年销售收入的一半。不但为公司贡献了巨额利润，也为公司进军西南市场奠定了战略性的基础。于是，集团公司高层经过讨论，决定奖励这个业务总监一部价值60万元的宝马5系轿车。购车的钱由集团公司出，产权记在业务总监的名下。这张开票日期在 10 月 2 日的发票在审时时，被注册会计师质疑，轿车的产权不在公司名下，公司怎么能把轿车做进公司的固定资产，还每个月在计提折旧？注册会计师还说，这笔业务的实质是给这个业务总监发放一笔奖金，指定他买一部价值 60 万元的宝马 5 系轿车，因此这笔奖金必须按照工资、薪金的七级超额累进税率代扣这个业务总监个人所得税。接到财务部的汇报后，集团管理层经过讨论，认为不能让那位业务总监承担个人所得税，只能公司承担。于是，财务部经过测算，按照税后 60 万元的金额折算成税前的奖金数，为业务总监代缴了个人所得税。同时，注册会计师对公司未对去年年会中奖者代扣个人所得税提出了异议，于是今年的中奖者 F 只能自己缴纳个人所得税，领取那台苹果电脑。

　　K 说，我国税法明文规定，单位为个人购买汽车、住房、电子计算机等不属于临时性生活困难补助性质的支出，不属于免税的福利费范围，应当并入纳税人取得汽车、住房、电子计算机的当月，与其工资、薪金收入合并计征个人所得税。

　　当然，业务总监的宝马车也不是一定要缴纳个人所得税的。如果集团购买了宝马车以后，产权登记在公司名下，只是按照职务需要配发给业务总监单独使用。这样一来，由于产权在公司名下，则公司可以合法地计提折旧，在企业所得税前列支。同时业务总监在使用宝马车跑业务过程中发生的保险费、道路建设费、保养费、汽油费、过路费、停车费等一系列用车成本也可以在企业合法列支。若产权登记在业务总监个人名下，即便私车公用，也会面临营业税和个人所得税的问题。

有人会问，那么业务总监在用车过程中如果发生了事故，会不会给公司带来风险？这一点可以通过购买项目比较齐全、保额比较高的保险来解决。比如对于城市暴雨积水，相信很多车主会在下一次购买保险时增加涉水险。还有人想到，车登记在公司名下，万一业务总监跳槽，这车岂不是带不走？其实业务总监可以和公司签订协议，在一段时间后，以较低的价格购买这部宝马车。而这部分钱，可以通过一定的方式作为奖励返还给业务总监。

税务小贴士

我们的工作和生活像沙滩，而税就像水，无孔不入。如果不想被水淹，就应提前做好税收规划。

莫言的税生活

　　去外地出差，机场的书店里随处可见莫言的书。说实话，我已经很久不看比较沉重、有思想的小说了。莫言作为第一位获诺贝尔奖的中国作家，其作品也随之变得十分抢手。据说出版社委托印刷厂日夜开工加班印书，这也算是振兴了中国文学吧。

　　2012 年的诺贝尔奖由于诺贝尔基金投资不力明显缩水。尽管如此，莫言依然获得了折合人民币 750 万元的奖金。虽然他戏言说，这笔钱只够在北京买一套 120 平方米的房子，但这笔钱对于普通老百姓而言，绝对是一笔巨款了。同时，莫言获奖后，除了他的作品大卖，稿酬增加了，还有众多的企业和个人意图通过与新科诺奖获得者搭上线而抛出了各种各样的赞助。有人在微博上直接呼叫莫言：@莫言，有地产商想给你送房子，如果愿意，请私信我。除了房地产商，高调做慈善的陈光标也表示要将他位于北京的一幢别墅赠送给莫言。如果，我只是说如果，莫言接受了这些奖励或赠送，他需要就他获诺贝尔奖后的所有奖励缴税，该如何缴税呢？

其实这个问题不仅仅是诺贝尔奖获得者的个人所得税问题。2012 年的伦敦奥运会中，获得金牌的中国运动员回国后也面临和莫言一样的境况。还有中国网球 2012 年上海大师赛等赛事的获奖者，都面临着同样的税务问题。

笔者在《个税也有免费的午餐》一文中已经提到，按照我国个人所得税法的规定：省级人民政府、国务院部委和中国人民解放军军以上单位，以及外国组织、国际组织颁发的科学、教育、技术、文化、卫生、体育、环境保护等方面的奖金是免税的。因此，国家体育总局和各级省政府给予的奖励是免税的，但其他机构和企事业单位给予的奖励是需要缴纳个人所得税的。可见，在莫言还没获得诺贝尔奖前，我国税法已经为他获得诺贝尔奖的奖金做好了免征个人所得税的准备。

若莫言因书大卖，获得了额外的一笔稿酬。根据我国税法，这部分收入须按照"稿酬所得"的税目征税，税率为 20%，同时减征 70%，实际净税负为 14%。稿酬以每次出版和发表取得的所得为一次，对此，很多作家有不同看法。因为很多作家，特别像莫言这种写长篇小说的作家，勤快一点的一年才出得了一本书。拿稿费却是一次性取得，虽然有个 70% 的折扣在，但是相对于 11 个月没有收入而言，这 14% 的税率并不轻。而且，不同于工资、薪金可以扣除社保、公积金等，稿酬相当于是全额缴税，这一点让全职作家们感觉有点累。

前面提到房地产商要赠送房子给莫言，假设莫言接受了，他就需要根据该房屋的市场价，按照个人所得税法"一次性偶然所得"20%的税率，计算并缴纳个人所得税。

再假设有企业邀请莫言做企业的形象代言人，为期1年，代言费为150万元，则莫言取得的代言费，按照我国税法，属于个人所得税法"劳务报酬所得"的税目。劳务报酬所得的税率为20%，但是一次收入畸高的（是指个人一次取得劳务报酬超过2万元），要实行加成征收。税法的具体规定是，一次取得劳务报酬在2万元以内的，税率为20%。一次取得劳务报酬超过2万元至5万元的部分，税率为30%。一次取得劳务报酬超过5万元的部分，税率为40%。像年度的形象代言费，属于同一项目的连续性收入，所以以一个月内取得的代言收入为一次。

让我们计算一下这笔年度形象代言费总共要缴多少税。首先，150万元的年度代言收入，平均到12个月，则每个月是12.5万元。这个金额远远大于2万元，则需要实行加成征收。每个月需要缴纳的个人所得税为：$2 \times 20\% + (5-2) \times 30\% + (12.5-2-3) \times 40\% = 4.3$（万元）。这笔年度的代言费共缴纳个人所得税：$4.3 \times 12 = 51.6$（万元）。实际税后所得为98.4万元。实际税负率为34.4%。不可谓不重啊，所以才会有那么多演艺人员偷逃税款的行为出现。

写到这里，笔者发现文章中有太多假设，为了避免造成不良后果，笔者在此申明：本文中，除了莫言获诺贝尔奖和我国个人所得税法的条款及税率均真实外，其他都是假设。假设知道吗？
笔者又突然想到，如果那么重的税负也是假设就好了！

税务小贴士

　　就税收制度改革的趋势而言，高收入者的纳税情况将是未来税务机关征管时关注的重点。国外很多演艺明星、体育明星等，都有自己的会计、律师顾问团队帮助其筹划如何减轻税负。

　　比如著名球星贝克汉姆，他根据英国税法的特点，开设公司，将其巨额的代言、广告收入统统纳入公司收入，避开了英国接近50%的个人所得税最高边际税率。意大利已故著名男高音帕瓦罗蒂曾移居摩纳哥，很难说跟意大利最高税率达45%的个人所得税没有关系。还有明星与俱乐部、演艺公司、经纪公司将收入拆解成多份合同以达到避税的目的等。

　　经过合理的筹划，的确可以让纳税得到递延，或者使税负实现一定程度的降低，但这一切都需要在事先经过专业的策划。否则以明星、名人引人注目的程度而言，如果纳税有瑕疵，面临的风险会比普通人大得多。

律师如何缴个人所得税之合伙人篇

律师事务所是合伙企业，不是企业所得税的纳税人。按照我国现行税法，律师事务所的营业所得和其他所得采取"先分后税"的原则。以每一个合伙人律师为个人所得税的纳税义务人。既然是所得，就说明是以收入减去了一定的扣除项目，那么律师事务所的收入能够扣除哪些所得呢？合伙人律师按照其在律师事务所中的份额获得的所得，该如何缴纳个人所得税呢？

以律师事务所每一纳税年度的收入，减去营业过程中发生的直接支出和间接费用，以及销售费用、管理费用、财务费用和各项营业损失，余额为所得，再乘以适用税率，就能算出合伙人律师该缴纳多少个人所得税了。那么哪些成本、费用和损失能够在税前扣除就很重要了，这直接影响到合伙人律师的个人所得。

首先，律师事务所向其聘用的律师、行政人员、财务人员等支付的合理的工资、薪金、社会保障支出、公积金支出，允许在计算个人所得税前据实扣除。那么合伙人律师自己能不能从律师事务所中领取工资呢？当然可以领取，但投资者的工资一律不得在税前扣除，但是税法给了合伙人一个费用扣除标准——每年42000元，即每月3500元。虽然对于合伙人律师来说少了一点，但其他员工工资的免征额也是每月3500元。税法在这一点上还是公平的，没有"嫌贫爱富"。

除了人员工资和五险一金等人工成本以外，律师事务所办公室的租金、装修费、办公桌椅、办公用品采购费用、固定资产折旧费、办公室水电费、广告费、业务宣传费、业务招待费、事务所人员差旅费等，都可以在税前扣除，但是有些费用可以据实全额在税前扣除，而有些费用须根据规定的比例在税前扣除。和其他非合伙制企业相同的是，所有在税前扣除的项目都需要有合法凭证。比如发票、工资单，否则即便成本、费用是真实发生的，也不能在税前扣除。在以票管税的情况下，所有纳税人一律平等。

让我们来看一下，合伙制的律师事务所有哪些费用在计算个人所得税时，需要关注税法规定的扣除比例。前面说了合伙人律师的费用每年42000元的扣除标准，这一点不能突破。固定资产必须以折旧的方式在税前扣除，而不能在购买时一次性扣除，固定资产的折旧年限也不能突破税法的规定。一般律师事务所的办公室装修都比较气派，这巨额的装修费可能就不能一次性在税前扣除，而需要先归集到长期待摊费用项目中，在一定的期限内分摊，而期限以租赁期和到预计下次装修时间孰短为准。

律师事务所的广告费和业务宣传费在扣除时也有标准，即每一纳税年度发生的广告费和业务宣传费用不超过当年销售（营业）收入 15% 的部分，可据实扣除；超过 15% 的部分，则可以在以后纳税年度结转扣除。律师事务所每一纳税年度发生的与其生产经营业务直接相关的业务招待费支出，按照发生额的 60% 扣除，但最高不得超过当年营业收入的 5‰。

律师事务所有自己的员工，在发放工资后，其拨缴的工会经费、实际发生的职工福利费和职工教育经费支出分别在本年度员工工资、薪金总额 2%、14%、2.5% 的标准内据实扣除。超过部分就不能扣除了。

一个律师朋友 A 是合伙人，雅安地震时他咨询我，他们所通过一个公益组织捐了一笔钱，这笔捐款能不能在计算所得的时候扣除？答案是可以的。同时税法规定实际发生的捐赠额在其应纳税所得额（按照税法计算的所得，而不是企业会计自己算出来的所得）30% 以内的部分可以据实扣除。但是捐赠必须通过符合税法规定的行政机关和公益组织进行，而直接给受益人的捐赠就不能扣除了。

律师事务所在经营过程中按照规定需要缴纳给司法局的行业会费可以据实在税前扣除。而现在律师事务所按照规定需要缴纳的职业风险金，目前很多是采用购买商业保险的方式，因此，这部分职业风险金不允许在税前扣除。

从 2013 年 1 月 1 日起，律师从接受法律事务服务的当事人处取得法律顾问费或其他酬金等收入，不再按照劳务报酬所得由支付报酬的单位或个人代扣代缴个人所得税，而应并入其从律师事务所取得的其他收入，按照规定计算缴纳个人所得税。

朋友 A 是甲律师事务所的合伙人，他问我，在执业过程中，由于职业特点，在办案过程中会发生一些费用支出无法取得合法有效凭证的情况。这些费用支出，在计算个人所得税时能否扣除？如何扣除？按照国税总局 2012 年 53 号公告之新规定，2013 年 1 月 1 日至 2015 年 12 月 31 日期间，合伙人律师在计算应纳税所得额时，应凭合法有效凭据按照个人所得税法和有关规定扣除费用；对确实不能提供合法有效凭据而实际发生与业务有关的费用，经当事人签名确认后，可再按下列标准扣除费用：个人年营业收入不超过 50 万元的部分，按 8% 扣除；个人年营业收入超过 50 万元至 100 万元的部分，按 6% 扣除；个人年营业收入超过 100 万元的部分，按 5% 扣除。律师个人承担的按照律师协会规定参加的业务培训费用，可据实扣除。

下面，笔者以朋友 A 所建立的甲律师事务所为例来计算一下他们 2012 年营业收入该如何缴纳个人所得税。该律师事务所共 5 位合伙人律师 A、B、C、D、E，出资比例分别是 30%、25%、20%、15%、10%。律所聘请了 3 位律师，5 位律师助理，2 位行政人员，其中一位兼任出纳，会计由合伙人律师 B 兼任。事务所规定聘用律师可以按照 60% 的办案收入提成，办案费用自理。合伙人律师一律不领办案提成，办案费用实报实销，但还是要给每个合伙人律师独立核算。假设 2012 年该律所共实现营业收入 800

万元，其中 5 位合伙人律师收入分别是 210 万元、170 万元、140 万元、110 万元、90 万元，3 位聘用律师共实现收入 80 万元，其中一位是 30 万元，另两位分别是 25 万元。

而 2012 年共发生开支 654 万元。明细如下：

1. 工资、社保等支出：合伙人律师领取工资 100 万元（每人 20 万元），三位聘用律师固定工资每人 5 万元，共 15 万元，办案提成 48 万元，律师助理和行政人员等工资支出共 97 万元。以上均包含社保支出。

2. 拨付工会经费账户 4 万元；支付员工教育费 5 万元、员工福利费 15 万元。

3. 合伙人律师报销办案费用均为 25 万元，共 125 万元。

4. 所有律师均参加律协举办的培训，各自承担培训费 1.3 万元，该笔费用未在律师事务所报账。

5. 本年度发生业务招待费 25 万元，每位合伙人律师各 5 万元。广告宣传费 20 万元。另有其他杂项费用（含房租等）共 200 万元。

其中不得扣除和应注意扣除比例的事项有：

1. 律所账上已发生的开支中，合伙人律师领取的 100 万元在计算律所利润的时候允许税前扣除，但在计算合伙人律师应缴纳个人所得税时，不得扣除。

2. 由于聘用律师采用收入比例提成方式计算，因此其固定扣除的办案费用不能在律师事务所成本费用中列支。

3. 广告宣传费可以在不超过当年营业收入 15% 的范围内据实扣除，超过 15% 的部分，可以留待以后年度继续结转扣除。该所 2012 年营业收入 800 万元，可据实扣除的广告宣传费金额为 120 万元，因此本年度发生的 20 万元广告宣传费可以全额在税前扣除。

4. 工会经费、职工教育费、职工福利费均在该所年度工资总额（含合伙人领取的工资）2%、2.5%、14% 的范围之内，因此均可据实列支。

与取得营业收入直接有关的业务招待费支出，可按照发生额的 60% 在税前扣除，但最多不得超过当年营业收入的 0.5%。因此，2012 年允许税前扣除的业务招待费为 $800 \times 0.5\% = 4$（万元）。其余的 11 万元不能扣除。

综合下来，不能扣除的总金额为 11 万元。

则该律师事务所 2012 年度经过调整后的利润总额为：800 － 654+11=157（万元）。

根据五位合伙人律师的出资比例，每人分别取得的利润总额为：

A：47.1 万元；B：39.25 万元；C：31.4 万元；D：23.55 万元；E：15.7 万元。

根据我国税法规定，合伙人律师在计算应纳税所得额时，应凭合法有效凭据按照个人所得税法和有关规定扣除费用；对确实不能提供合法有效凭据而实际发生的与业务有关的费用，经当事人签名确认后，可再按下列标准扣除费用：个人年营业收入不超过 50 万元的部分，按 8% 扣除；个人年营业收入超过 50 万元至 100 万元的部分，按 6% 扣除；个人年营业收入超过 100 万元的部分，按 5% 扣除。

根据以上规定，2012 年度 A 实现营业收入 210 万元，其个人扣除费用标准为 50×8%+50×6%+110×5%=12.5（万元）。则 B 为 10.5 万元；C 为 9 万元；D 为 7.5 万元；E 为 6.4 万元。

则实际发生的业务招待费扣除允许税前列支的，在律师扣除的部分以外归结到每个合伙人律师名下为 11 万÷5=2.2（万元）。低于每个合伙人律师的个人费用扣除标准，因此可以全额扣除。再加上每位合伙人律师参加律协举办的培训，承担培训费 1.3 万元，依然低于每个合伙人律师的个人费用扣除标准，因此也均可在计算合伙人律师个人所得税时全额扣除。

至此，我们可以算出五位合伙人律师 2012 年应纳个人所得税为：

A —$(47.1+20-2.2-1.3-0.35×12)×35\%-1.475=19.315$（万元）；

B $=(39.25+20-2.2-1.3-0.35×12)×35\%-1.475=16.5675$（万元）；

C $=(31.4+20-2.2-1.3-0.35×12)×35\%-1.475=13.82$（万元）；

D $=(23.55+20-2.2-1.3-0.35×12)×35\%-1.475=11.0725$（万元）；

E ＝（ 15.7 ＋ 20 － 2.2 － 1.3 － 0.35 × 12 ）× 35% － 1.475 ＝ 8.325（万元）。

请注意，这些业务招待费、广告宣传费等按照比例调整，一般是在年度汇缴申报的时候才要求做以上调整。每个月预缴申报时，按照律所会计制度先按比例分配所得，到年度终了，才能知道该合伙人共实现多少营业收入，发放的员工工资是多少，可以扣除的个人费用是多少等具体数字，才能进行最终的年度汇总清缴。

税务小贴士

其实不仅律师事务所，合伙制的中介机构，如会计师事务所等也适用这个案例中的计算过程。合伙制企业是一种与法人制企业、非企业组织等都不同的企业类型，其在税法适用上的特殊性也让它有了更多的税收筹划空间。

TAX

律师如何缴个人所得税之聘用律师篇

　　既然作为合伙企业的律师事务所不需要缴纳企业所得税，其所得税纳税人为每个合伙人律师，缴纳个人所得税。那么律师事务所雇用的聘用律师，从所里取得的固定工资和收入提成，该如何计算和缴纳个人所得税呢？

　　还是以 A 同学的甲律师事务所为例。该律所雇用了 3 位聘用律师 X、Y、Z，约定每人每年固定工资为 5 万元，聘用律师可以按照 60% 的办案收入提成，办案费用自理。2012 年实现营业收入80 万元，其中 X 为 30 万元，Y 和 Z 均为 25 万元。3 位聘用律师均参加了律协举办的培训，各自承担培训费 1.3 万元，该笔费用未在律师事务所报账。本年度个人承担五险一金共 0.9 万元。那么，3 位聘用律师该如何缴纳个人所得税呢？

　　按照我国现行税法，律师事务所支付给雇员（包括律师及行政辅助人员，但不包括律师事务所的投资者，下同）的所得，按"工资、薪金所得"应税项目征收个人所得税。所以，首先那每年

5 万元固定工资，肯定是按照"工资、薪金所得"的七级超额累进税率计算个人所得税的。

除了固定工资，聘用律师的提供法律服务的营业收入提成也是需要缴纳个人所得税的。税法规定，作为律师事务所聘用律师与律师事务所按规定的比例对收入分成，律师事务所不负担律师办理案件支出的费用（如交通费、资料费、通讯费及个人聘请人员等费用），律师当月的分成收入按照规定扣除办理案件支出的费用后，余额与律师事务所发给的工资合并，按"工资、薪金所得"应税项目计征个人所得税。3 位聘用律师 2012 年实现 80 万元的营业收入，按照与律师事务所的协议，X、Y、Z 可按照 60% 的比例分别提取 18 万元、15 万元、15 万元的收入提成。则这部分收入，需要在扣除办理案件支出的费用后，与固定工资合并计算个人所得税。

那么从收入提成中扣除的办理案件费用支出的标准是多少呢？2012 年年底刚出台的一个新文件规定，从 2013 年 1 月 1 日起，律师从其分成收入中扣除办理案件支出费用的标准，由各省级地方税务局根据当地律师办理案件费用支出的一般情况、律师与律师事务所之间的收入分成比例及其他相关参考因素，在律师当月分成收入的 35% 比例内确定。比 2013 年以前 30% 的比例上调了 5 个百分点。并且自 2013 年 1 月 1 日至 2015 年 12 月 31 日期间实行上述收入分成办法的律师办案费用不得在律师事务所重复列支。

虽然 X 律师 2012 年度共取得 5 万 +18 万 =23 万元的所得，

但是按照税法规定，可以扣除该律师办理案件支出的费用18×35%=6.3（万元）。同时X律师当年参加律协培训支付的1.3万元培训费，可以在支付当月一次扣除，当月不够扣除的，可以在当年度以后月份扣除。因此，X律师当年度个人所得税的应纳税所得额为：5＋18－6.3－1.3－0.9－0.35×12=10.3（万元）。则Y律师和Z律师当年度个人所得税的应纳税所得额为：5＋15－15×35%－1.3－0.9－4.2=8.35（万元）。

我国个人所得税的税负除了与所得的项目有关，同时与所得取得的时间有关。如果上述营业收入是3位律师在2012年度某个月一次性取得，则这部分收入就会面临一个极高的个人所得税税率，极端情况须适用最高税率45%。所以，从个人所得税筹划的角度来说，笔者建议，由于聘用律师的所得按照"工资、薪金所得"来征收，因此需考虑在整个年度内均匀地取得营业收入，就很可能使全年所得适用一个较低的税率来计算个人所得税。以X律师为例，18万元收入提成在一个月取得，和分摊到12个月取得，年度缴纳个人所得税会相差近1.9万元。

律师事务所除了合伙人律师和聘用律师，还可能会有兼职律师。按照现行税法规定，兼职律师是指取得律师资格和律师执业证书，不脱离本职工作从事律师职业的人员。兼职律师从律师事务所取得营业收入所得，也按照"工资、薪金所得"计算个人所得税。律师事务所在支付兼职律师收入提成，代扣代缴其个人所得税时，不能像对聘用律师那样扣除税法规定的每月3500元费用扣除标准，而是要以收入全额（取得分成收入的为扣除办理案件支出费用后的余额）直接在七级超额累积税率表中确定适用税率，计算扣缴个人所得税。兼职律师应于次月 7 日内自行向主管税务机关申报两处或两处以上取得的工资、薪金所得，合并计算缴纳个人所得税。

TAX

老外缴个人所得税，超国民待遇何时休

很多人都知道本杰明·富兰克林，因为百元美钞票面上那位长着睿智的大脑门的老先生实在太有人缘。他在 200 多年前还说过一句名言——只有死亡和纳税是不可避免的。老外们都知道交税是一种不可避免的痛苦，而且他们的纳税意识似乎比我们国人要"高"出那么几点。这是为什么呢？

答案是税制和征税方式不同。西方很多国家的员工每个月拿工资时，或按照适用的税率先交税，或按去年交税金额的一定比例交税，到年底再拿着一沓票据和税单进行一系列复杂计算，然后确定本年度最终是需要补税还是可以退税。由于交税的时候并没有太多的扣除数，因此年底退税的情况占大多数，这种个人所得税的征收方式让一些国家的个人所得税申报率高达 98% 以上，并不是因为那些居民有很强的纳税意识，都愿意交税，而是因为每个月税缴多了，如果年底不申报就拿不到国家的退税。要钱的积极性当然比交税的积极性来得高，这很容易理解。那么，老外

到中国来，与我国居民在缴纳个人所得税时有什么差异呢？我用个故事来说明。

美国人 E 和他的中国朋友 H 投资了一家贸易公司 E&H，股权各 50%，二人自己管理。E 在中国的第一年，到了 4 月份，他拿了一个巨大的信封，里面是各种单据，他请 H 帮忙找税务师计算年度应缴纳的个人所得税。这件事后来成为我们谈中国和其他国家税制差异时经常性的谈资。

随着时间的推移，E 了解到他的收入中有哪些需要在中国缴税，哪些是可以免税的。比如中国居民工资、薪金的免征额是 2000 元，而 E 的免征额是 4800 元。春节时有些外地朋友回老家过节舍不得买全价机票，用扣税后的工资买一张车票。而 E 在中国的出差补贴和探亲费（一年两次）都是免税的，用合法票据实报实销。中国员工及其家人学习外语的培训费要用税后的收入去支付，而 E 参加合法的培训机构的语言培训费、子女在我国就读的教育费都是免税的（无论是小学还是大学），凭发票可以报销。还有诸如管家费（房屋维护费）、房屋、汽车变卖损失补贴、服务期满回国安家补贴、提前退职工资、境外社会保险费等统统都是免税的。

在 CPI 持续走高后，E&H 为维持员工队伍稳定，保证员工的生活质量，在扣缴了社保之余，还为员工购买了商业性养老保险和其他人身保险，但财务部在计算个人所得税时，需要将中国籍员工的这部分商业保险金与其他工资收入合并计算缴纳个人所得税，而 E 的个人人身保险是免个人所得税的。在 E 的免税清单中还有比较人性化的一条：以非现金形式或实报实销形式取得的住房补贴、伙食补贴、搬迁费、洗衣费免税。而针对中国员工工资规定免税的是那些已不见踪影的副食品补贴、独生子女费，其他诸如中秋节发一盒月饼都要折现之后交税，至于搬家、洗衣服都是员工自己的事。

年底财报出来一看，公司税后赢利100万元，H按照股息、红利20%的税率缴纳了个人所得税然后取得了40万元分红。E到手是50万元，这是因为我国税法明文规定外籍个人从外商投资企业取得的股息、红利所得免征个人所得税。他的分红是免税的。H算了一笔账，他们两个股东的工资、股份比例都是一样的，同样辛苦了一年，但H到手的年税后收入只有E的三分之二还不到。E在中国的幸福指数极高，他的吃穿住行中，有相当比例的开支可以用发票实报实销，个人的股息、红利也是免税的。就个人所得税负担而言，他工资的含金量要比绝大多数中国员工工资含金量高得多，难怪他愿意定居中国不肯回国了。

我国的个人所得税法规对国人是分类税制，而对老外采用的类似于综合税制，因此老外的一些个人生活开支几乎都可以税前列支。笔者以为，不患其寡，患其不均，在外资企业的超国民待遇基本取消的今天，是否可以让我国居民享受一下老外的超国民待遇，在个人所得税改革时让这种待遇变成普惠制的阳光，照耀在所有中国人的身上？

税务小贴士

　　我国个人所得税法出台时间是 20 世纪 80 年代初。我国一般的法律法规都会滞后于经济现象，而个人所得税法是为数极少的提前通过人大立法的一部税收法律。其出台的原因，笔者在《个税也是 80 后》一文中已经阐述，是由于 20 世纪 80 年代初刚开始改革开放，外资逐步进入内地，而随同外资一同入境的外籍高管在中国境内的高收入如何缴纳个人所得税问题很快成为亟待解决的税收问题，为此，人大立法出台了实行至今的个人所得税法。那时国内居民收入远低于个人所得税法规定的免征额，因此当时的个人所得税法主要规范的是外籍个人的个人所得税征管问题，并对当时的外籍个人给予了一定的税收优惠。而随着时间的推移，国内居民收入逐年提高，而当时税法未给予国人同样的税收优惠。出于税收公平性的考虑，这种外籍个人税收上的超国民待遇，应该与国人税收待遇尽快统一。

TAX

Part 2

房子的事，
买进卖出都要税

买婚房的房产税

　　一位老师的儿子最近要结婚，四个老人加小两口分头看了不下 20 个楼盘，加上二手房那就更多了。前几日，老师急忙跑来问我，她家已经有了一套房子，而女方家里也有一套住房，现在要给儿子再买一套住房，要不要交房产税？

　　我问了一下她家的情况：她们一家三口住着一套 135 平方米的房子，女孩子家是一套 150 平方米的房子，父母加老奶奶共四个人住。现在小两口看中一套 120 平方米的住房，总价要 390 万元左右。

　　按照《上海市开展对部分个人住房征收房产税试点的暂行办法》的规定，本市居民家庭中的子女成年后，因婚姻等需要而首次新购住房，且该住房属于成年子女家庭唯一住房的，暂免征收房产税。所以，如果小两口领取结婚证后，这套房子的产权直接记在小夫妻两个人的名下，目前是不用缴纳房产税的。

　　老师欲言又止，最后还是说：可是现在儿子和他女朋友还没结婚，据说上海目前的离婚率高达60%（也不知哪里听来的数据），如果现在买房就把女孩子的名字写上，万一离婚房子还要被分掉一部分，想想肉痛。那么如果现在只写儿子的名字，会不会被征房产税？我心中暗暗叹了口气，这婆媳关系真的很难处理啊。

显然，这就和之前的情况略有不同了。如果现在买的这套房子不是成年孩子的婚房，而是家庭的第二套住房，就会涉及房产税。上海市统计局公布的数据显示，2010年上海市新建商品住宅全市平均销售价格为14213元/平方米，全年各环线区域新建商品住宅平均销售价格分别为：内环线以内为48032元/平方米，内外环线之间为14831元/平方米，外环线以外为11961元/平方米。如果房价低于28426元/平方米，房产税税率为0.4%。小两口看中的房子算下来单价是32500元/平方米左右，高于28426元/平方米，应税税率就是0.6%。

应纳房产税税额＝新购住房应征税的面积（建筑面积）×新购住房单价（或核定的计税价格）×70%×税率=[（135+120）− 60×3]×32500×70%×0.6%=10237.5（元/年）。

我这里算得不亦乐乎，老师一听要交10000多块钱的房产税，还每年都要交，就呆住了，问我怎么办。我说，那就先结婚，然后买房，房产证上写小两口的名字呗。老师想了想有些不甘心：那如果现在买房，等小两口结婚后，房产证上加上媳妇的名字，还要交房产税吗？

现实生活中，居民家庭住房情况会发生各种变化，凡这种变化涉及应税住房房产税纳税事项调整的，居民可以向住房所在地的地方税务机关（上海市国家税务局和地方税务局是合署办公的）申报，并重新办理房产税纳税信息的申报、认定，从地方税务机关重新认定的第二个月起可以调整纳税。也就是说，如果结婚后，这套婚房的住房情况改变了，符合了"本市居民家庭中的子女成年后，因婚姻等需要而首次新购住房，且该住房属于成年子女家庭唯一住房"的条件，就可以暂免征收房产税了。

老师听了，微微点了点头，然后又问我，缴纳房产税是不是很麻烦？如果因为不懂或者忘记了没缴怎么办？看来，她还是很谨慎的，宁可先交房产税，也要捍卫家庭财产。

房产税试点暂行办法中明确提到，房产税税款自纳税人取得应税住房房产权的次月起计算，按年计征，不足一年的按月计算应纳房产税税额，相当于一年交一次。同时，由于购买时每平方米单价是固定的，面积也不会发生变化，税率基本固定，房产税的计算相对比较简单。自己去住房所在地的税务局缴纳，以后每年基本上照常去税务局缴就行了。无论出于什么原因，应该缴纳房产税而未去缴的，税务局首先会发催缴通知，限定在规定的时间去税务局补缴税款。另一个重要的控制关口在于，你名下的房产，如果应该缴纳房产税而未缴纳，当你想转让或者抵押房产时，没有完税的房产在办理产权登记的过程中会遇到一定的障碍。

税务小贴士 ////////////////////////////////////

2011 年 1 月 28 日在上海和重庆实行的房产税试点，当时颇让两地的居民紧张了一把：有房的人担心房价因此止步下跌，而无房的人心中不禁窃喜，希望房价赶紧掉头向下，让自己有机会赶上买房的船。其实大家对于房产税寄予了太高的期望。

房产税只是一个税种，征税的根本目的是为政府组织增加财政收入。当然，税是商品价格的一个组成部分，增税会使商品价格上升。房产税提高了房产拥有者的持有成本，影响了购买量，进而在一定程度上起到抑制房价的作用，但是说实话，这个作用是极其有限的。而且在目前房产还属于卖方市场的情况下，所有新增的税都将通过房价的提升来消化，这就导致了政府调控一次，房价上涨一次的恶性循环。

让税回归其本源吧！

TAX

结婚离婚，房子都涉税

上周，一个很久未联络的朋友打电话给我，说起她在重庆的小姑子 F 为了房子产权证上增名的事闹得要离婚，她婆婆很烦恼。自从写了专栏后，经常会有学生和朋友因为各种涉税问题来咨询，我也习以为常了。可连离婚的事情都来咨询，这是我没想到的。我说：我不是懂婚姻法的律师，离婚的事情搞不定。她说：不是咨询离婚的事情，是要咨询引起小姑子夫妻离婚原因中涉及的税务问题。我擦了擦额头上的汗，请她继续讲。

6 年前，F 大学毕业去了重庆，认识了一个当地的男孩子 Y，两人情投意合结婚了。Y 父母在同一小区有两套无贷款的房子，一套自己居住，另一套名字是 Y 父母和 Y 的，作为他们的婚房。最近最高人民法院新发布了《最高人民法院关于适用＜中华人民共和国婚姻法＞若干问题的解释（三）》，其中对婚姻关系中房产问题给出了明确的解释。关于婚前一方购买的房产归属问题的解释让 F 惊出一身冷汗，她很快要求丈夫将她的名字增加到房产证上去，但作为共同权利人的 Y 父母始终不点头。于是，一场家庭纠纷产生了。

笔者不解读《婚姻法》，那不在我的服务范围。有人曾经问笔者：结婚典礼上收到的红包是否要缴个人所得税？按理那也属于捐赠。笔者告知：目前对个人向个人捐赠并无征税的规定。也没见哪对新人结婚后去税务局按照收到的礼金总数缴纳个人所得税的。就税法而言，婚前二人共同出资买房，写上二人的名字，只缴契税，这与婚姻关系无关，结不结婚买房子都要缴契税。但这次高院对《婚姻法》的新解读，让很多已婚女性忙于在房产证上增加自己的名字。这里就有一个问题了，若是 F 那种情况，房子是婚前男方家的，婚后也没有加上女方的名字，如果现在要把女方的名字添加上去会涉及哪些税？

婚姻存续期间

1. 个人所得税。按照《财政部、国家税务总局关于个人无偿受赠房屋有关个人所得税问题的通知》（财税〔2009〕78 号）文件规定，下面这种情形的房屋产权无偿赠与，对当事双方不征收个人所得税：房屋产权所有人将房屋产权无偿赠与配偶、父母、子女、祖父母、外祖父母、孙子女、外孙子女、兄弟姐妹。

2. 契税。在契税问题上，人们有不同看法。按照重庆市地税局 2010 年 3 月份发布的一个"契税热点问题解读"中第十条，"房屋产权证增加产权人是否缴纳契税？"的解答：对于因家庭关系，或者其他原因，房屋权属增加或者减少权利人，一般情况下，属于转让或赠与行为，对权属承受人（增加的权利人或剩余权利人），应按所承受的份额，适用规定的税率征税。婚姻关系的共同共有权属人增减以及法定继承除外。如果按照《婚姻法》的新解读，F居住的房子在法律上是男方的财产，既然不是共有财产，那么如果要增加女方的名字就需要缴纳契税。但据笔者了解，目前在实际执行过程中，大部分地区的税务机关对于房产证增名并未征收契税，所以网上流传着房产证 80 元增名的说法。

若离婚析产涉及房产过户问题，需要缴纳哪些税？

1. 营业税。按照《财政部、国家税务总局关于个人金融商品买卖等营业税若干免税政策的通知》（财税〔2009〕111 号）文件规定，个人无偿赠与不动产、土地使用权，属于离婚财产分割情形的，暂免征收营业税。文件并未明确是离婚财产共同财产还是个人财产，但现实中是不交营业税的。

2. 个人所得税。按照《国家税务总局关于明确个人所得税若干政策执行问题的通知》（国税发〔2009〕121 号）规定，通过离婚析产的方式分割房屋产权是夫妻双方对共同共有财产的处置，个人因离婚办理房屋产权过户手续，不征收个人所得税。但是对于非共同财产的房产分割，个人所得税法中并无明文规定。但笔者了解到，目前并未对这一行为征税。

3. 契税。按照《国家税务总局关于离婚后房屋权属变化是否征收契税的批复》（国税函〔1999〕391号）和我国婚姻法的规定，夫妻共有房屋属共有财产。因夫妻财产分割而将原共有房屋产权归属一方，是房产共有权的变动而不是现行契税政策规定征税的房屋产权转移行为。因此，对离婚后原共有房屋产权的归属人不征收契税。但若不是共有财产，税法并未明确该析产行为是免税的。

税务小贴士

　　我国居民家庭财产的增加也是近些年来才出现的，而房产毋庸置疑是居民家庭财产的重中之重。而国人的婚姻需要考虑的事项很多，其中婚房又是重中之重。因此，无论结婚还是离婚，对房产的处置都是无法回避的，也就让税在婚姻中占了一席之地。

TAX

房屋出租，税不能少

各地在不动产出租方面的税收政策有比较大的差异，不动产性质不同，持有人不同，承担的税负也有很大的差异。因此在做投资前，不但要了解当地的市场环境，还需要对当地的税收政策有一定的了解，以免自己的投资达不到预期的收益率。

2011 年，H 在北京市投资购买了一间店铺。签约时，店铺所在的商业街已经开张。由于工作关系，H 决定将店铺出租。房产公司恰好提供售后回租业务，于是 H 又与房产公司签订了店铺委托租赁协议，由房产公司代为将店铺出租，房产公司收取一定的管理费，约定租金支付方式为付六押一。根据 CPI 和市场行情，协议还约定了每年租金会有一定的增长率。H 还在自己居住的城市上海购买了两套商品房，一套自己居住，另一套出租，以租养贷。去年年底，H 收到北京的房产公司汇来的店铺租金，比预计的少了一些，等到收到与之相关的文件时，他发现被扣了一部分税金。他在本市出租的那套房子，新房客是外地公司派来上海工作的，因此房租由其所在公司承担，在支付租金的时候需要提供发票，H 就需要去税务局代开发票，于是又缴了一笔税。H 发现，同样是房租，虽然金额不同，可是算下来税率似乎不一样，他就迷惑了。

目前一般的不动产投资，根据持有人不同分为企业持有和个人持有，根据不动产的性质不同分为住宅和商铺。根据持有人不同和不动产的性质不同，税法对征税管理的规定也有区别。本文只解读个人持有住房和商铺涉及的税收问题，企业持有不动产出租的涉税问题，另行撰文解读。

由于国家在 2011 年 11 月 1 日起上调了营业税起征点，按期纳税的，起征点提高到月营业额 20000 元，各地涉及营业税的一些税收征收规定都做了相应的调整。广东省由于营业税起征点上调，目前非住宅用出租屋的综合征收率从此前的 14%，下调为8.7%，住宅用出租屋的税率则从原来的 8% 下调至 6.7%。H 在北京市投资的那套商铺的租金假设为 30000 元 / 月，高于营业税起征点，根据我国税法的规定，会涉及营业税、城市维护建设税、教育费附加、房产税、城镇土地使用税、印花税、个人所得税。目前北京市按照 12% 的综合征收率计征各项税费，其中营业税及附加为 5%，房产税为 6%，个人所得税为 1%。则 H 每月店铺的租金须缴纳 3600 元税金，其中营业税 1500 元，房产税 1800 元，个人所得税 300 元。房屋租赁协议在签订后，双方均要按照 0.1%缴纳印花税。

假设 H 这套商铺的月租金为 15000 元，在北京市营业税起征点以下，不必缴纳营业税，涉及税种包括房产税、城镇土地使用税、印花税和个人所得税。目前税务机关或税务机关委托的代征人是按照 7% 的综合征收率征收各项税款，其中房产税 6%，个人所得税 1%。则 H 每月店铺的租金须缴纳 1050 元税金，其中房产税 900 元，个人所得税 150 元。

但如果这套商铺不是在北京市或者广东省，而是在没有制定综合征收率的地区，这套商铺缴纳税金的金额将会有比较大的不同。除了因营业税起征点造成的区别以外，在没有制定综合征收率的地区，需要按租金收入的 12% 缴纳房产税，按照商铺所处城镇的位置不同，缴纳 1%~7% 的城市维护建设税，以及教育费附加 3%、地方教育费附加 2%、堤防费 1%，个人所得税在扣除营业税、房产税等税金和合理的修缮费之后，减除 20%，然后按 20% 缴纳。以月租金 30000 元为例，则缴纳营业税 =30000×5%=1500（元），城市维护建设税等附加 =1500×13%=195（元），房产税 =30000×12%=3600（元），印花税 =30000×0.1%=30（元），个人所得税 =（30000 — 1500 — 195 — 3600 — 30 — 30000×20%）×20%=3735（元）。综合税负率约为 30.2%。

如果店铺的月租金收入是 15000 元，低于营业税起征点，则不必缴纳营业税和城市维护建设税等附加，房产税为 1800 元，印花税 15 元，个人所得税 2037 元，店铺租金的综合税负率约为 23.68%。

H 在上海出租的商品房，租金在交税的时候与在北京的商铺计算方式是不同的。按照目前上海市的规定，个人出租商品房，统一按 5% 的综合征收率缴纳税金。

税务小贴士

目前国人的投资渠道很狭窄，比如证券、基金之类的投资渠道对个人的专业要求很高，国外很少有个人自己投资买卖股票的，一般都是通过证券经纪人来操作。像我国这种证券公司大厅里挤满阿姨、大叔的情况，在全球都属少见的。掰着手指算下来，只有买房子似乎不需要太多的专业知识，而且从近十年来看，投资房产赚取的收益比所有的资本市场投资收益都来得丰厚。

投资房产后，得等一段时间，让它涨上去了才能再卖出。那么持有期间，出租是唯一的途径。就租金占房价的比例而言，如果投资房产是为了通过出租获得回报的话，毋庸置疑是亏本生意。所以，只要房价继续上涨，而且只要涨幅超过年租金占房价的比例，则房产还是一种不错的投资对象。只是，没人知道房价还能涨多久。

税法小知识

　　房产税属财产税类。以城市、县城、建制镇和工矿区范围内的房屋为征税对象，以房产余值或租金收入为计税依据，纳税人包括产权所有人、房屋的经营管理单位（房屋产权为全民所有）、承典人、代管人、使用人。其税率分为两类：按照房产余值计算应纳税额的，适用税率为 1.2%；按照房产租金收入计算应纳税额的，适用税率为 12%，但个人按市场价格出租的居民住房，减按 4% 的征收率征收。房产税按年征收、分期缴纳。自 2009 年 1 月 1 日起，外商投资企业、外国企业和组织以及外籍个人（包括港澳台资企业和组织以及华侨、港澳台同胞）依照《中华人民共和国房产税暂行条例》缴纳房产税。2011 年 1 月 28 日起，在上海和重庆试点对居民个人拥有的房产征收房产税。

TAX

关于"国五条"中"征20%个人所得税"的思考

清明节举家出门踏青，刚回家，就接到一个同学的电话。他说，为了孩子读书方便，准备将自己的另一套房子置换到学校附近，于是要卖出一套，再买进一套。由于不是名下唯一的房产，不符合个人持有的满5年并是家庭成员名下唯一房产的要求，因此在出售的时候并不能享受免税的待遇。这几天他在看房子的过程中，房产中介跟他讲："因为上海实施'国五条'的缘故，从2013年4月8日起，个人转让房产不符合免税规定的一律按照20%的税率缴个人所得税。"他一听，紧张起来：要置换的这套房子买进来是280多万元，现在挂牌价是460万元左右，如果按照1%的税率缴个人所得税是4.6万元，如果按照差额20%的税率，就要交36万元的个人所得税。按照羊毛出在羊身上的原则，这36万元的税要加在房产交易价格中由买家承担，否则这房子根本卖不出去。他问，上海市是不是从4月8日起真的要按20%的税率征这笔房产交易的个人所得税。电话挂了不久，又有一个学生来电咨询同样问题。在清明节假期里，我接到了数通咨询这个问题的来电。

本来按照现行税法的规定，个人转让房产一般涉及营业税、个人所得税。上海市这边有关营业税的规定，分三种不同类型：购买不足 5 年的住房对外销售，全额征收营业税；若持有超过 5 年（含 5 年）的普通住房对外销售，可以免征营业税；即便持有超过 5 年（含 5 年），但属于非普通住房，在对外销售时按照其销售收入减去购买房屋的价款后的差额征收营业税。

个人所得税的相关规定是：个人转让自用 5 年以上，并且是家庭唯一生活用房取得的所得，免征个人所得税。个人出售自有住房，按其收入额减除原值和合理费用后按 20% 的税率征收个人所得税。对纳税人未提供完整、准确的房屋原值凭证，不能正确计算房屋原值和应纳税额的，税务机关可对其实行核定征税，即按纳税人住房转让收入的一定比例核定应纳个人所得税额。上海市的核定征收率为普通住房 1%，非普通住房 2%。

其实以上内容在上海市税务局网站上都能找到，我也在 2013 年 3 月 23 日就把链接放到了我的微博上。但是，由于税法太专业，很多老百姓看不懂，部分媒体记者也不怎么了解税法的相关规定，因此造成了市场恐慌。

自从"国五条"出台后，我多次看到房产交易中心的门口排起了长龙，手里有房的在权衡卖还是不卖。一则房价调控了那么多年，依然只升不降，看这样子，房价很可能越调越高，卖了可惜。二则如果现在把房子卖了，钱拿在手里，没有好的投资渠道，还不如持有房产。但如果现在不卖，未来房产税一旦对存量房开刀，再加上如果真的严格执行对出售房产征收20%个人所得税的规定，这房子就很难成交了。而想买房的也在纠结：这房价调控了这么多年，只见涨多涨少不见下跌，这次如果真的实行征收20%的个人所得税，这房价得涨到多高啊？

有人猜测，"国五条"要求严格执行征收20%个人所得税的规定，是在交易环节增加了双方的成本，那么就可能减少交易的数量，是不鼓励交易的意思。交易量减少会使房价涨幅减小或下跌吗？

以我粗浅的经济学知识来看，按照市场规律，商品的价格取决于供求关系。当供应量大于需求量时，商品的价格会下跌，反之则价格上升。只要市场存在，增加交易成本会在一定程度上减少供应量，反而会因卖方惜售在市场上造成供不应求的假象。比如某著名电子产品出了名的饥饿营销策略。

那么，交易中心门前那排队的长龙说明了什么？

其一，说明了我国的立法还不完善。"国五条"出台后，没有任何后续的具体规定。立法既不能像上调证券交易印花税那样"夜半鸡叫"，也不能像"国五条"这样"只听靴子响，不见人下来"，对未来不可知情况的恐惧极易造成市场上的恐慌。

改革开放三十多年以来，我国从计划经济向市场经济转型，而老百姓手中的房产由于历史原因有很多类型。比如当时房改，父辈以工龄折算买下房产的使用权，当时可能只出了一万元、两万元，但后来居住环境改善了，它不再是家庭的唯一住房，则出售时如果按照差额征收 20% 的个人所得税，那一万元、两万元的原值基本上可以忽略不计，差不多就是全额征 20% 的个人所得税了。还有以前福利分房、私房、原农村的宅基地自建房等情形，如果按照"国五条"的规定一刀切，岂不是又对老百姓的财富进行了一次再分配？

其二，说明了税收政策宣传的不到位。每年 4 月份是我国税收宣传月，3 月份"国五条"出台后，即便各地出台了具体细则，但并没有在主流媒体上正面宣传。这引起了媒体的猜测，老百姓从执法机关那边得不到权威、准确的消息，于是只能到处打听小道消息，惶恐是必然结果。

其三，说明有既得利益者在后面推波助澜。所有来向我咨询的电话中，无一例外说是房产中介告诉他们 4 月 8 日或者清明节后上海市将严格执行对个人出售房产征 20% 个人所得税，催促他们尽快签约，尽快交易。房产中介的服务是根据房产交易价格的一定百分比收费，如果真的开征 20% 个人所得税，则势必推高房产交易的价格，房产中介的收费也会水涨船高。既然可以多收费，那为什么现在要催促交易双方成交然后收取较低的服务费呢？

虽然咨询的朋友和学生都得到了我完整的解答，但是看着交易中心门口那长长的队伍，看着交易中心天天加班的工作人员疲惫的神色，该找谁去解答呢？

税务小贴士

这是一篇时效性比较强的文章，之所以依然收入本书，是笔者想要借这件事情提醒一下有机会看到本书的读者。

政府会出台各种各样的政策，而政策在出台时会有各种原因、各种背景。其他政策我不太懂，可我认为税收政策都还是有一定的规律可循的。

所谓新闻无好事，很多媒体对专业性的政策并不十分了解，于是写出来的文章除了对政策的描述以外，还会掺杂很多自己的理解，而记者不是专业领域内的行家，于是片面的理解通过集中爆发式的媒体报道，让很多老百姓惊慌失措。

媒体从业者需要更专业、更清晰地解读政策，让老百姓了解政策。而老百姓也需要冷静，通过咨询一些专业机构来了解政策的真实情况，以免以讹传讹。

这也从另一个角度体现出我国税收政策宣传工作还任重而道远。

TAX

"动迁致富"之税

　　房地产市场的兴旺让很多城市看上去都处于建设中，虽然居民在被动迁时获得的补偿相对于地方政府和房地产商的收入来说，显得微不足道，但在年人均收入低于 25000 元的我国，动迁却成为一条新的"致富"之路。

　　笔者的学生 K 居住的小区面临动迁，而他控股并管理的一家食品加工企业也面临市政工程动迁。在和动迁公司谈判的过程中，K 明显感觉到虽然都是被动迁，但获得的赔偿、缴纳的税金和最终到手的资金有很大的差异。那么被动迁户获得的拆迁补偿按照我国税法规定需要缴纳哪些税金呢？

　　所谓拆迁补偿是指房屋征收部门自身或者委托房屋征收实施单位依照我国集体土地和国有土地房屋拆迁补偿标准的规定，在征收国家集体土地上单位、个人的房屋时，对被征收房屋所有权人给予公平补偿。拆迁补偿方式主要有 3 类，即货币补偿、产权置换和两者相结合的补偿方式。K 的住房被动迁获得现金补偿 135 万元，K 拿了这笔补偿外加贷款 100 万元买了新住房。按照我国现行税法规定，对被拆迁人按照国家有关城镇房屋拆迁管理办法规定的标准获得的 135 万元拆迁补偿款，免征个人所得税。而 K 因住宅被拆迁后购买新住房时，购房成交价格中相当于拆迁补偿款的部分免征契税，成交价格超过拆迁补偿款的，对超过部分征收契税。所以 235 万元的购房款中，135 万元免交契税，这套住房只需要按照 100 万元的计税价格缴纳契税。我国税法还规定，对个人购买普通住房，且该住房属于家庭（成员范围包括购房人、配偶以及未成年子女，下同）唯一住房的，减半征收契税。对个人购买 90 平方米及以下普通住房，且该住房属于家庭唯一住房的，减按 1% 税率征收契税。由于契税是地方税，所以具体税率由各省市在 3% ~ 5% 之间自行确定。

而 K 的食品加工企业因为市政动迁，厂房、土地、机器设备等经过测算和谈判，共取得动迁补偿 1265 万元。如果厂房土地是出售的，按照我国税法规定需要缴纳营业税，但是由于是市政动迁，相当于是地方政府收回土地，按照我国现行税法的规定，纳税人将土地使用权归还给土地所有者（当地政府）时，只要出具县级（含）以上地方人民政府收回土地使用权的正式文件，无论支付征地补偿费的资金来源是政府财政资金，还是委托动迁公司或房地产开发商代为垫付，该行为均属于土地使用者将土地使用权归还给土地所有者的行为，不征收营业税。

那么 1265 万元的拆迁补偿收入是否需要缴纳企业所得税呢？

按照现行税法，如果企业搬迁属于政策性搬迁，即出于政府城市规划、基础设施建设等政策性原因，企业需要整体搬迁（包括部分搬迁或部分拆除），税法对其取得的拆迁补偿收入纳税有特殊的规定。企业在取得拆迁补偿收入时，向主管税务机关提交政府搬迁文件或公告，搬迁协议和搬迁计划，企业技术改造、重置或改良固定资产的计划或立项报告等资料，可以申请企业从规划搬迁次年起的5年内，其取得的搬迁收入或处置收入暂不计入企业当年应纳税所得额。但是自被拆迁的次年起的5年内，企业需要按照搬迁规划，异地重建厂房并恢复原有或转换新的生产经营业务，用企业搬迁补偿收入购置或建造与搬迁前相同或类似性质、用途的新厂房，或对机器设备等其他固定资产进行改良，或进行技术改造，或用来安置职工。企业在5年内完成搬迁的，搬迁收入减去之前所列举的开支后，如果还有余额，则计入当年所得并缴纳企业所得税。如果没有余额，就不必缴纳企业所得税。

要享受这个5年的免税计划，有几个关键点需要注意：首先必须是政策性搬迁，如果不属于政策性动迁，就不能享受这个优惠政策。其次，取得的拆迁补偿收入必须在5年内用于指定的用途，否则在取得拆迁收入的当年就要计算并缴纳企业所得税。再次，用于指定用途后还有余额的，5年后缴纳企业所得税。

税务小贴士

　　企业动迁不同于居民动迁。居民动迁涉及事项很少，而企业动迁，如果不符合税法的规定，就无法享受到政策性搬迁的税收优惠。

TAX

个人受赠房产怎么缴税？

笔者曾经写过一篇文章《捐赠可以免税吗？》（见本书第三部分），在这篇文章中，笔者站在捐赠方的角度来解读企业或个人对外捐赠时的涉税问题。可是如果个人接受捐赠，该如何缴税呢？

一般来说，个人接受的捐赠有不动产、股权等金融资产，以及商品、货物、货币资金等。由于接受捐赠的资产形式不同，税法规定了不同的税收政策，同时也有不尽相同的税收优惠政策。本文仅解读个人受赠不动产涉及的个人所得税问题。

张先生与太太 H 结婚后，要在婚前购买房产的产权证上增加太太的名字，将独占变为共有。按照我国税法的规定，张先生这种行为是将其名下房屋的一半产权无偿赠与张太太，由于他们是配偶关系，因此对张太太这次受赠行为不征个人所得税。

如果张先生与 H 不是配偶关系，H 需要缴纳个人所得税吗？去年，张先生的公司遇到了资金周转问题，用房产做抵押向银行贷了款。然而由于国外市场一直不景气，张先生无力偿还即将到期的银行贷款和利息，于是与 H 的弟弟 L 协商，将其名下房产转让给 L，然后用取得的房款归还银行贷款。张先生名下有两套房产，一套有 H 的一半的产权，一套只有张先生的名字，张先生怎么转让房产才能让税收最低呢？

我国税法对于个人无偿受赠房屋规定了 3 种不征个人所得税的情形，其中第一种是：房屋产权人将其名下房产无偿赠与其太太、父母、子女、祖父母、外祖父母、孙子女、外孙子女、兄弟姐妹。

由此可见，如果张先生与 H 商量后，由 H 将其名下的那套房屋中属于自己的那一半产权赠与 L，则符合税法规定的房屋产权人将其名下房产无偿赠与其兄弟姐妹的情形，因此 L 可以不缴个人所得税。当然如果归还银行贷款的金额还不够，则张先生还需要将自己名下的房产按市场价格转让给 L，这时，L 以购买房产的方式取得房屋产权，也不需要缴纳个人所得税。这样的交易方式，会降低张先生在交易环节的税负，也不违反我国税法的规定。

张先生是家中独子，大西北的老家里只有一位老母亲。由于张先生长期不在家乡，其母亲又不习惯城市生活，于是张先生就拜托同村的表亲代为照顾其母亲。去年，其母亲生病住院期间，表亲尽心尽力的服侍让老太太很感动，经与张先生商议，决定将家中一套房子赠与其以作感谢。张先生很担心老母亲将其名下的房产赠与表亲，表亲是否需要缴纳个人所得税。

按照我国税法的规定，个人无偿受赠房屋不征个人所得税的第二种情形是：房屋产权人将其名下房产无偿赠与对他承担直接抚养或者赡养义务的抚养人或者赡养人。因此，只要能证明张先生的表亲对张先生的母亲有直接的赡养行为，同时作为直接继承人的张先生放弃对该房产的继承权，做好公证，则张先生的表亲接受张先生母亲赠与的房产，除了缴纳相应的契税以外，符合税法规定的不征个人所得税的情形。

在张先生的母亲百年之后，张先生继承了家中另一套房产，在办理过户的时候，房产交易中心的税务人员在核实张先生的继承情况后告知：房屋产权人去世后，依法继承房屋产权的法定继承人、遗嘱继承人或者受遗赠人受赠房产，不征个人所得税。这就是我国税法规定的个人无偿受赠房屋不征个人所得税的第三种情形。

由于我国个人所得税法对于个人接受捐赠并没有非常明确的规定，有人就想通过个人捐赠房产来逃避纳税义务，这在现实中是不太可行的。因为我国税法规定除了以上列举的三种情形，其他情形下个人接受赠与的房产，都需要按照"其他所得"项目缴纳 20% 的个人所得税。

税务小贴士

我国还未开征遗产税，因此这种因接受遗产获得的房产，基本不涉及纳税问题。但是如果将受赠房产或因接受遗产获得的房产出售，就会因取得房产没有成本，而面临全额缴纳相关税金的情况。

税法小知识

契税属财产行为税。以出让、转让、买卖、赠与、交换发生权属转移的土地、房屋为征税对象，承受的单位和个人为纳税人。出让、转让、买卖土地、房屋的税基为成交价格，赠与土地、房屋的税基由征收机关核定，交换土地、房屋的税基为交换价格的差额。税率为 3 % ~ 5 %。纳税人应当自纳税义务发生之日起 10 日内办理纳税申报，并在契税征收机关核定的期限内缴纳税款。

《财政部、国家税务总局关于房屋、土地权属由夫妻一方所有变更为夫妻双方共有契税政策的通知》财税〔2011〕82号：婚姻关系存续期间，房屋、土地权属原归夫妻一方所有，变更为夫妻双方共有的，免征契税。

《财政部、国家税务总局关于购房人办理退房有关契税问题的通知》财税〔2011〕32号：对已缴纳契税的购房单位和个人，在未办理房屋权属变更登记前退房的，退还已纳契税；在办理房屋权属变更登记后退房的，不予退还已纳契税。

《财政部、国家税务总局、住房和城乡建设部关于调整房地产交易环节契税个人所得税优惠政策的通知》财税〔2010〕94号：对个人购买普通住房，且该住房属于家庭（成员范围包括购房人、配偶以及未成年子女，下同）唯一住房的，减半征收契税。对个人购买 90 平方米及以下普通住房，且该住房属于家庭唯一住房的，减按 1% 税率征收契税。

TAX

Part 3

想不到的税

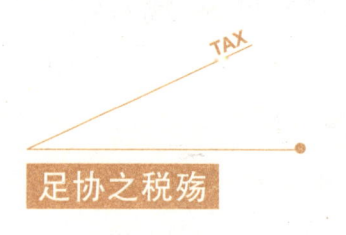

足协之税殇

　　六月中旬的一天，我在看书，听到正在隔壁看电视的先生情绪激动得不能自已，紧闭的门已经无法隔挡他的怒吼。我生怕他冲动之下做出伤害电视机或其他家庭财产的行为，于是走过去关心了一下。只见他满脸通红，见我过来就义愤填膺地说："中国国家队与泰国临时凑起来以 U23 为主的国家队比赛，这个队的球员大多是不到 23 岁的年轻队员，而且泰国足协还未确定新的国家队主教练人选，所以这次带队的是泰国 U23 青年队的主教练，就这样一个烂队伍，居然可以把花了巨资打造的中国足球队打成5∶1！5∶1啊！"

　　我听他气得已经有些语无伦次了，用了那么多前缀、定语来说明泰国这次来华比赛的是一支怎样的队伍，而中国国家队输得有多丢人。我心里在想：这样的球队，怎么对得起我先生这样的球迷？我找不出办法来安抚他，只能劝他："别生气，气坏身体不值得。让国足都别回来了！"老公看我一眼说："你也气糊涂了，比赛是在我们国家举行的。"

本以为国足的事情已经过去了，没想到这几天又爆出足协因为与国家队主教练何塞·卡马乔解约，只关注巨额的解约金，却不考虑解约涉及的巨额税金，导致该项解约涉及两千多万元的税款。在网上引发热议，球迷、非球迷骂声一片。

笔者注意到，2011 年 8 月 12 日，中国足协新闻办正式发布公告：中国足协将在 8 月 14 日上午 10 点在北京市朝阳区建国路 93 号万达广场 C 座万达索菲特大饭店七层大宴会厅 3 号厅举行新任国足外籍主教练签约仪式。签约仪式宣布与卡马乔及其团队（包括卡马乔经纪人哈维尔、助理教练卡塞伦、体能教练加斯帕、协调人加列戈）签订为期三年的中国国家男子足球队执教合同，卡马乔正式成为中国国家男子足球队的第 26 任主教练。卡马乔及其团队的年薪税后合计约 450 万欧元，其中卡马乔的个人年薪为税后 280 万欧元，这一数字使得卡马乔成为世界第三高薪的国家队主帅。按照万达集团和中国足协所达成的协议，卡马乔及其团队的薪水将由坚持并促成换帅的大连万达集团支付。根据这一点来分析，卡马乔的主教练协议到 2014 年 8 月 15 日的说法比较接近事实。

从 2013 年 6 月算到 2014 年 8 月 15 日，差不多 14.5 个月。对于这样一份主教练收入与执教足球队成绩不挂钩的聘用协议，如果约定提前解约须支付合同未到期的全额税后工资的话，以目前欧元卖出价 100 欧元折算为人民币 799.12 元来计算，则本次解约须支付卡马乔及其团队税后工资约人民币 4345.215 万元，平均每个月税后工资 299.67 万元。根据税法的规定，一次性取得数月的工资、薪金，不能分摊到数月来计算个人所得税，而需要一次性计算。

有学生问我，这样的话，足协与卡马乔解约，需要缴纳多少个人所得税？这里需要考虑几个问题。一年 450 万欧元的工资是税后的，而计算个人所得税的依据是税前工资，因此需要把税后工资折算成税前工资。其次，这 450 万欧元是整个团队的，而个人所得税是按照每个自然人来计算的。但由于税后 450 万欧元折算成人民币已经将近 3600 万元，若折算成税前的话，我们暂且假设平均每个人的月收入都超过 8 万元人民币（约 1 万欧元每月），因此预计每个人都须适用最高 45% 的个人所得税税率。

卡马乔团队每个月税后工资 299.67 万元，折算成税前工资约每月 542.3991 万元，则中国足协每个月须为卡马乔团队支付约 242.73 万元的个人所得税。至此，该笔违约金性质的税后工资 4345.215 万元涉及个人所得税约 3519.58 万元。与违约金加在一起，本次足协解约成本约为 7864.78 万元。

当然足协领导不是从事财税工作的专业人士，他们不会计算违约金要缴多少税也情有可原。但球踢不好，球员管不好，世界知名的主教练到了中国变成一条虫，签合同时能把 45% 的税负影响理解成 15% 的税负，这就让人产生疑惑了。是什么原因让他们可以这么不把税的问题当一回事，可以这么不把钱当钱花？

　　现在社会上有一个普遍的现象：政府部门、国有企业在经济行为涉及税务问题时，经常会将自己放在超国民待遇的位置上。如果他们是私营企业的老板，需要签订一份合同，会这么随性地漠视税负问题吗？说到底，不是花自己的钱，他们一点也不心疼。体制导致的玩忽职守，问责制也流于形式，导致足协官员在签约时随性，解约时不必承担责任。有网友说：没错，如果政府部门花每一分钱的时候都仔细考量一下他的投入产出比，省下的将是一笔巨款。归根到底还是制度设计和政府部门重大问题问责制的执行问题！我说：是呀，如果他们自己不算，审计署和监察局来帮他们算，并且把这个计算结果与政绩考核挂钩，看还有谁敢这么不把纳税人的钱当钱用。

TAX

如果离婚也要征税

我曾经在媒体上看到过其他国家出台的一些奇奇怪怪的法律，以及当地的居民是如何看待和遵守这些法律的趣闻，一直以来，我是把那些法律条文及当地居民们的有趣反应当做笑话来看。但是近来我国的一些社会现象，让我笑不出来了。

犹记得"国五条"出台后，很多地区房产交易中心的门前排起了长队，数不清的买房者和卖房者为了赶在那莫须有的征税新文件出台前，办完房产过户的交易手续。过了一个月，房产交易中心门前的长龙消失了，而很多地区的婚姻登记处变得人头攒动，更有甚者，有些地区办理离婚手续的窗口居然要用发号码牌的方式来维持秩序。

在这一对一对前来离婚的人里面，有些是真的感情破裂要离婚，但还有相当一部分夫妇是出于其他原因前来办理离婚手续的。有些年轻夫妇，因为想送孩子去好点的学校，需要购买学区房。而名下已经有一套或多套房屋，为了规避限购和高额税费，于是假离婚。但最近有越来越多的中年甚至老年夫妇也出现在离婚的队伍中。有些办完手续，手里还拿着离婚证，就开始讨论回家吃什么。虽然一些上了一定年纪的人认为现在年轻人对婚姻、家庭的态度过于轻率，对他们闪婚和闪离都感到不可思议，但当这部分人也出现在离婚的队伍中，这不禁让人疑惑：他们这是怎么了？

当然，这些牵着手来离婚的夫妇中，有相当一部分是真的"假离婚"，等到买好房，办完孩子的入学手续，还会复婚，可有的人却为此付出了沉重的代价。2013 年 5 月份，媒体刊登了一则新闻，3 月份，上海市的一对夫妇为了规避房屋限购，在签署了"忠诚协议"的前提下办理了离婚手续。因为是假离婚，又有"忠诚协议"做保证，妻子便将家庭财产都放在了丈夫的名下。但离婚后，丈夫找了个理由离家出走，再未与前妻联系。等到这位女士四处打听找到前夫时，他已经与其他女子办理了结婚手续。前妻持"忠诚协议"去法院起诉，要求判定前夫后面一次的婚姻无效，但是由于其前夫是在与其离婚后，合法办理了结婚登记，因此法院对于该女子的起诉不予受理。人财两失的局面肯定不是该女子之前能预计到的。

为了给这些办理假离婚的夫妇提个醒，一些地区在婚姻登记处贴出了"楼市有风险，离婚需谨慎"的告示，但这张被网上热议的告示并没能使离婚潮降温，这时俄罗斯杜马实在看不下去了，决定"出面干预"。

中国网 6 月 7 日刊出一则消息：俄罗斯《共青团真理报》6

月 6 日报道，俄罗斯杜马发出倡议，其目的在于激发公民建立牢固婚姻关系的愿望，并以"生育和共同抚养三个或者更多的孩子"为目标，塑造全社会范围内对堕胎的否定态度，促进家庭价值观的建立。拟采取的措施是从办理离婚手续的夫妇那儿征收金额为 500~1000 卢布的法律费用。在俄罗斯，每年有约 100 万对夫妇离婚，如果每对夫妇为离婚支付 1000 卢布，国库将收到 10 亿卢布。这笔钱将作为资助那些离婚后丈夫恶意不支付赡养费的单身母亲的储备基金。

按照 100 卢布兑换 18.78 元人民币，这 10 亿卢布相当于人民币 1.878 亿元。如果俄罗斯杜马真的通过了这条法律，按照我国 2012 年 120 万对的夫妇离婚来算，一对夫妇 1000 元，将增加财政收入 12 亿元。当然，办理离婚手续的 9 元钱，相对于买房、卖房动辄几十万元的税费而言，不过是浮云。笔者想起网友的一句戏言：阻止人类离婚的唯一方法就是离婚后房子归国家。看来俄罗斯杜马应该考虑的不是离婚收取 1000 卢布的"离婚税"，而是考虑将离婚夫妇的房产收归国有。

当然，离婚后房子收归国有那是戏说，当不得真。说起离婚，笔者又想起前段时间炒得沸沸扬扬的默多克和邓文迪的离婚消息。人家那边刚宣布要离婚，一群媒体蜂拥而上开始替邓文迪计算她与老默离婚能拿到多少钱。有不少网站发出投票：默多克和邓文迪离婚，你还相信爱情吗？搞不懂这些人是怎么想的，人家结婚的时候，跟你的爱情没有关系。为啥人家离婚了，你就要不相信你的爱情？你的爱情跟人家 80 多岁的老外离婚有啥关系？但是他们离婚的消息让我对美国夫妇离婚涉及的法律和税法问题产生了兴趣，于是花了点时间研究了一下。

我国公民的婚姻受《中华人民共和国婚姻法》保护，婚姻法对我国公民的结婚和离婚都做了相应的规定。美国的婚姻法也有相同的内容，因此干脆就叫《统一结婚离婚法》。由于我国的家庭财产主要是房产，其他资产相对比较少，因此在我国，结婚和离婚看上去都是围着房子转。而美国公民的家庭财产就比我国公民要品种繁多，主要包括：房地产、游艇、汽车、金银珠宝首饰、股票、古董等收藏品、各种收入、股息、红利、银行储蓄和投资账户等。因此美国夫妇在离婚时，财产分割也就以上家庭财产展开。

在美国，不能像在我国这样夫妻二人自己去婚姻登记处办理离婚手续，而是需要通过法庭的裁决。因此在美国起诉离婚的原告需要交纳诉讼费用，而不像在我国只需要支付 9 元的手续费，就能办理离婚手续。不仅离婚成本高，美国绝大多数州还规定想要离婚的夫妇在主观有离婚意愿的前提下，需要分开居住超过一定时间才允许离婚。"一定时间"在各州规定不尽相同，最短 6 个月，最长要 5 年，一般是 1~3 年。如果我国婚姻法中也有这样的规定，离婚起来就不是那么容易了。

美国的《统一结婚离婚法》总体来说体现了三个特点：第一，充分体现对未成年人的照顾；第二，由于有相当一部分美国妇女结婚后不再外出工作，考虑到离婚后，妻子会在一定时期内丧失生活来源，因此在分割家庭财产时，法官的天平会向无过错的妇女倾斜；第三，如果一方在婚姻存续期间有婚外情，则在离婚分割财产时，法官会给予一定惩罚。

为了保护家庭完整以及女性的权益，美国有一部分州对已婚家庭财产实行"共同财产"法律保护。比如加利福尼亚州的明星州长施瓦辛格由于发生婚外情，其妻子提出离婚，法庭就判决施瓦辛格的婚后家庭共同财产与妻子平分。不管这位明星州长的收入比其妻子高多少，离婚的时候没有二话，一人一半。这也是美国离婚率高的原因之一：丈夫如果有了婚外情，妻子不会因为自己是家庭妇女没有收入而选择忍气吞声。通常她们会选择提出离婚，让丈夫为他的花心付出代价。再有钱的人，离一次婚就损失一半家产，如果一生离婚两次，那么婚后财产就只剩下 1/4 了。当然这一条规定并不只针对丈夫，如果妻子出轨，同样也会面临离婚分割财产时被挖去一块的境况。

如果要离婚，上市公司股东手中持有的公司股份也可能被分去一半。有时，股权的变动会使上市公司的股价产生很大的波动，所以股东的婚姻状况也成为投资者需要关注的因素之一。这也让美国的富人们都记住了这样一条小秘诀：想要保住辛辛苦苦积攒下来的财富，一生只结一次婚，否则就需要为自己的出轨付出沉重的代价。

在美国，妻子获得离婚分割的共同财产，是不需要缴纳所得税的，仅须支付资产过户时的相关手续费等。但是，如果妻子在离婚时除了分割的共同财产以外，还一次性获得了离婚赡养费，或者在若干年内持续获得前夫支付的赡养费，妻子需要将这部分赡养费计入收入总额，缴纳个人所得税。而男方作为支付方，可以将这部分赡养费作为收入的扣减数额，在计算个人所得税的时候扣除。

我国的个人所得税属于分类分项税制，工资、薪金适用 7 级超额累进税率，股息、红利适用 20% 比例税率。而美国的个人所得税不分项也不分类。在领取工资的时候按照适用税率先全额扣缴个人所得税，到了年底，把本年度取得的所有收入减去税法允许扣除的所有费用以后，按照余额乘以适用税率计算个人所得税。由于按照工资计算的个人所得税没有减除什么费用，因此绝大多数美国人到年底计算出来的本年度应缴纳的个人所得税小于之前每个月已经缴纳的个人所得税之和，于是税务局需要退税给他们。这也是美国的个人所得税年度申报率超过 90% 的主要原因：所有人都是冲着退税去的。因此，美国妻子取得的离婚赡养费也没有专门的适用税率，只需要跟其他收入合并，一起计算个人所得税就行了。

说到这里，笔者突然发现，在我们以为对婚姻很轻率的美国，其实离婚很不容易。反而是家庭观念很强的我国，离婚只需要半天时间和 9 块钱。假离婚成为热潮，除了是一些人要小聪明以外，大概也是我国法制还不够健全导致的后果。从投入产出比来分析，像俄罗斯那样预备收取 1000 卢布的"离婚税"对于假离婚是没有什么制约作用的，难道真的只有离婚后房子归国家才能遏制假离婚的蔓延？

TAX

收入一万税几何？

　　一段时间以来，"收入一万税六千"的帖子引起了很多关注："我们可以粗略地算一下，月收入 10000 元，要交 14% 的个人所得税，12% 的公积金，8% 的养老保险，4% 的医疗失业险，加起来大约一共是 3800 元，那么还剩下 6200 元。如果你拿出 6200 元消费，需要为消费的商品埋单 17% 的增值税，28% 的各种杂税（企业所得税、消费税、燃油税等），这样算下来，你的 6200 元通过消费实际上只能买到实际价值为 3400 元左右的商品，剩下的 6600 元基本上就全都贡献掉了。说到这里，我们也就不难理解为什么收入没怎么涨，GDP 没怎么大涨，而财政收入却能持续稳定地大涨了，原因很简单：一万的收入六千的税，很好很强大！"

　　网上疯传的后果是很多圈外的旧友新交见我就问：收入 10000 元，真的要负担 6000 元的税吗？如果认真起来，帖子中的计算方法还是有很多漏洞的：假设张三先生一个月的工资是 10000

元，以上海市的缴存比例为例，则张三个人需要承担 7% 的公积金、8% 的养老金、2% 的医疗保险金和 1% 的失业保险金，也就是说五险一金交掉 1800 元，剩下的 8200 元，按照 2011 年 9 月 1 日前 2000 元的费用扣除标准和九级超额累进税率来计算，缴税基数为 6200 元，应缴纳个人所得税 895 元，税后收入 7305 元。如果按照修订后的个人所得税 3500 元的费用扣除标准和七级超额累进税率计算，缴税基数为 4700 元，则要缴纳个人所得税 385 元，税后收入 7815 元。没有扣除个人所得税的免征额，同时把应该个人所得税前扣除的五险一金与个人所得税平行计算，导致了计算错误，类似的计算错误充斥了这个帖子。

我国目前共 18 个税种，税收收入中 70% 是流转税，作为间接税的流转税隐藏在各类商品和服务的价格中，因此我们只能计算最后一道流转税。假设如帖子所说，剩下的 7305 元都用于购买增值税税率为 17% 的商品，但消费税也算上去就让张三有些为难了。目前我国消费税有 14 个税目，除了烟酒和化妆品等，我们的生活日用品一般不缴纳消费税。即便购买了缴纳消费税的商品，由于消费税的税率从 5%～56% 不同，最终的税收负担也不同。把燃油税加上去就更无厘头，如果张三不开车不加油，就不须缴纳燃油税。增值税、消费税是间接税，会由企业通过价格转嫁给消费者，最终由我们来承担。企业所得税是直接税，企业无法通过价格转嫁给消费者来承担，所以，企业所得税是无论如何算不到消费者头上的。当然，发帖的网友并未说明他到底购买了什么，因此不知道他是根据什么算出来的税负。

　　张三先生是个认真的人，他决定搞清楚这个问题，于是就认真地记了一个月的家庭流水账，想精确地了解一下自己到底交了多少税。到月底，他汇总了一下：扣除五险一金和个人所得税，到手工资 7305 元。这个月去超市购买食品、日用品 780 元，还房贷 4500 元，家人的早餐和自己的午餐花去 1100 元。买图书、报纸 180 元，请朋友吃饭 320 元，买饮料、零食等 425 元。其他开销由太太负担。张三拿着这张记账清单问，他到底承担了多少税。

　　780 元的食品、日用品、饮料等一般是缴纳 17% 的增值税，张三承担了（780+425）÷117%×17%=175.09（元）的增值税和 175.09×13%=22.76（元）的附加税。4500 元的房贷中本金是 3950 元，利息是 550 元。那么，本金按照房地产公司缴纳 5% 的营业税来计算，张三承担了 3950×5%=197.5 元的营业税和 197.5×13%=25.68（元）的附加税。550 元是银行的利息，银行缴纳 5% 的营业税，则张三承担了 550×5%=27.5 元的营业税和 27.5×13%=3.58（元）的附加税。销售早餐和午餐的餐厅属于餐饮行业，一般缴纳 5% 的营业税，则张三承担了（1100+320）×5%=71（元）的营业税和 71×13%=9.23（元）的附加税。买书 180 元，图书销售缴纳 13% 的增值税，则张三承担了 180×13%=20.71（元）的增值税和 20.71×13%=2.69（元）的附加税。汇总下来，张三这个月总共承担了个人所得税 895 元，增值税 195.80 元，营业税 296

元，附加税 63.92 元，总税负为 1450.72 元，税负率为 14.51%。若要加上非税负担的 1800 元五险一金，张三的负担共计 3250.72 元。占其月收入的 32.51%，从以上计算过程可见，张三先生除了纳税负担，还有非税负担。对于个人来说，工资是第一次分配，纳税是第二次分配，这次分配中，个人负担的确不算轻。

要了解我们到底缴了哪些税，大概是怎么缴的，首先要弄清楚流转税到底是怎么回事，大概怎么计算，这样可以很粗略地算出一万元工资到底承担多少税。这样，我们也不至于糊里糊涂交税，同时，糊里糊涂不知道缴了多少税。

税务小贴士

例如出售一件 800 元的衬衫，虽然销售时缴纳的是增值税，但是衬衫的成本中还包含农民种棉花、工厂纺纱、织布、印染、设计、制作等很多道工序，而每经过一个生产和销售环节都会涉及一次征税，所以，你是无法从这件 800 元的衬衫中把缴纳的所有税金剥离出来的。

税收学是一门专业，既然是专业，其理论、实务、征税、纳税都有其特有的规律。即便是计算一个经济业务的涉税事项和涉税金额，也有专门的计算方法和计算过程，不是简单的一加一等于二。因此，专业领域内没人会去计算居民收入中蕴含了多少税金，因为这是一个无限不循环的计算过程，根本无法得出一个正确答案。

投资理财须关注的税问题

　　笔者的一个开公司的学生 Z，偶尔听了一次笔者的讲座后，便对企业经营过程的税务问题有了兴趣，近来演变成了对身边一切税务问题都打破沙锅问到底的状态。

　　有一天他问我：汪老师，我们公司账上偶然有短期的闲置资金，于是财务就去银行购买了一些短期理财产品，有了一点理财收益。到年底，审计师提出来这部分理财收益需要缴纳营业税和企业所得税。这对吗？我记得我自己也在银行购买过理财产品，银行也没有扣我的税呀，为什么企业购买理财产品的收益就要缴税了呢？

　　购买理财产品涉及流转税及附加和所得税。财政部、国家税务总局 2009 年出台的财税〔2009〕111 号规定：对个人（包括个体工商户及其他个人）从事外汇、有价证券、非货物期货和其他金融商品买卖业务取得的收入暂免征收营业税。有学生看了这个文件提出疑问：这里只说个人购买理财产品的收益可以免税，但是没有说企业的理财收益必须要缴税呀。

这里存在一个对税法的理解角度问题。税收优惠政策只对某些鼓励的，或者需要扶持的行业或者人群给予倾斜，可以这么说，税收优惠是正列举，只有明文规定的才可以免税，除此以外，凡是属于纳税范围的，没有优惠政策的，一律缴税，这并不需要再一一列明。

Z同学又问了一句：国内现在投资理财的渠道不多。投资住宅和商铺，肯定涉及税吧？购买银行理财产品不需要缴税，存银行的利息不需要缴税，那么在个人投资理财中，还有哪些税务问题需要关注呢？

毋庸置疑，个人购买住宅，如果作为投资性质的，肯定不会是个人名下，持有满5年并且是唯一的房子，因此肯定会涉及营业税和个人所得税。笔者在《关于"国五条"中"征20%个人所得税"的思考》一文中已经有所阐述，此处不再赘述。但由于营业税属于地方政府的税收收入，因此各地在关于买卖二手房的营业税的规定上会略有不同。

个人买卖外汇、各种有价证券等各种理财产品产生的收益、个人资金存在银行取得的利息，目前都是免征营业税和个人所得税的。还有，个人在二级市场购买的上市公司股票产生的收益，需要区分是股票持有的企业分红所得还是转让股票赚取的差价所得。目前，对于转让股票赚取的差价所得是免征个人所得税的，而对于股票持有期间，因上市公司分红取得的股息、红利所得，需要根据持有时间不同，确认是否有纳税义务。持股期限在 1 个月以内（含 1 个月）的，股息、红利所得全额按照 20% 缴纳个人所得税。如果持股期限在 1 个月以上至 1 年（含 1 年）的，股息、红利所得就叫以按照 50% 计入股东个人应税收入，即实际税率变成了 10%。如果持股期限超过 1 年，股息、红利所得就可以按照 25% 计入股东个人应税所得，即实际税率变成了 5%。

但是还有一种情况也需要提醒：一个专门做投资的合伙企业，有两个自然人合伙人。这个合伙企业向银行购买了外汇理财产品。由于操作得当，一年下来有了不错的利息收益。到年底，计算合伙人应缴纳的个人所得税时，这部分理财收益是否要缴个人所得税？

合伙企业在所得税面前是一个税收透明体，合伙企业本身的收入只缴纳流转税等，其所得并不需要直接缴纳企业所得税或者个人所得税，而合伙企业的合伙人须根据自己的性质，是企业合伙人的须就从合伙企业取得的所得缴纳企业所得税，而个人则须缴纳个人所得税。既然合伙企业的个人合伙人是缴纳个人所得税的，那么合伙企业购买银行理财产品获得的利息收益是否也可以免征营业税和个人所得税呢？

答案是否定的。个人购买理财产品是个人的直接投资行为，税法给予免征营业税的税收优惠，而目前个人所得税也暂不征收。但合伙企业购买理财产品的利息收益，首先是合伙企业的所得，按照我国税法规定：个人独资企业和合伙企业对外投资分回的利息或者股息、红利，不必并入企业的收入，而应单独作为投资者个人取得的利息、股息、红利所得，按"利息、股息、红利所得"应税项目计算缴纳个人所得税。因此，以合伙企业身份购买银行理财产品得到的利息，或对外投资得到的股息、红利，应按税法的规定核算到各个投资者的利息、股息、红利所得，并分别按"利息、股息、红利所得"应税项目计算缴纳个人所得税。

可见，同样是个人所得税，由于身份不同，同样的业务会面临不同的纳税义务，个人购买银行理财产品产生的利息收益就不需要缴税，而合伙企业购买理财产品的利息收益就需要缴税。

不懂税，真的会多缴税啊！

税务小贴士

出这本书的目的之一，是希望能让读者更多地了解我国的税法，并且在一定程度上，懂得税法也并不是完全刚性的，如果懂税，则可以选择税法给予税收优惠的路径去进行经济行为，这也就掌握了税收筹划的真谛。

海南免税店"扫荡"记

2011 年 4 月,在海南离岛免税政策推出临近满月之际,笔者去海南三亚亲身感受了在国内免税店购物的过程,滋味迥然。

免税店早上十点开门,笔者九点半抵达三亚市下杨田榆亚大道的免税店门前时,已有不少游客在门前蜿蜒的栏杆中排队了,笔者看着这场景,刹那间恍若回到了上海世博会期间,沙特馆门前排队近 5 个小时的感觉突然回到心头,一片寒意啊。笔者沿着曲折的队列走到队尾,看到大门另一边同样盘旋着一条长龙,国人巨强的消费能力可见一斑。

据导游介绍,三亚免税店开业当天,人潮汹涌,买东西根本不看,不是不想看,是根本来不及看,抢到篮子里(如果抢到篮子的话)就是你的,抢不到就没有了。我觉得匪夷所思:就算免税店比外面便宜一些,也不至于看都不看就放进购物篮吧。何况,免税店卖的是奢侈品和大品牌的化妆品,又不是卖青菜、萝卜,回来感觉不好,扔了或者送人也不心疼。

导游说得煞有介事，笔者正将信将疑，导游给我们发了购物卡：一张硬卡纸，正面有 cdf 中国免税的标识，还有离岛免税购物指南，包括每人每年限购的次数、限购的金额、限购的数量和店内付款、凭单在机场隔离区提货的提示。下面还有贴着姓名、身份证号及办理购物卡时间的贴纸。到免税店购物需要预约，这是海南免税店给我的第一个惊奇。购物卡背后还有特别告知：截止销售时间为离境出港前 4 小时，离岛为海口市提前一天，而三亚市为出港前 6 小时。也就是说消费者在三亚市免税店购物需要在机票上标明的起飞时间的 6 小时之前，否则，免税店不会卖任何东西给你。

开门了，笔者跟随当天的第一批顾客涌进了免税店。在不大的店面里逛了一下，很惊奇地发现绝大部分化妆品专柜的货架都已空空如也，连样品都没有了。笔者看了一下时间是 10 点 15 分左右，也就是开门不到 20 分钟，免税店的化妆品专柜几乎无货可售了，此二奇也。边上有顾客说：要不是还有雅诗兰黛的部分货品，这个免税店可以下班了。笔者看到店外还在排队的一张张渴望的脸，突然觉得一定要买点什么，才能对得起自己作为第一批进店者有些优越的心理。笔者在人群中抢到了两瓶雅诗兰黛的眼霜、面霜组合，单价 695 元 / 套。在上海商场里这两件产品的单价，面霜是 780 元 / 瓶，眼霜 520 元 / 瓶。在免税店里套装价格比上海商场中的售价便宜了近一半，所以海南免税店的商品基本靠抢，基于价格原因是能够理解的。

　　笔者转而去了另一区，看到只有 GUCCI 门前排着队，进去看了一下，价格的确有一定的诱惑力，但货物品种着实不多。有顾客看中了一个 9000 元左右的小包，拿出购物卡欲结账，服务员告知要在售价上外加 20% 的行邮税，并指着购物卡上写着限值单价 5000 元以下的商品的字样。虽然交了行邮税后这个小包变成了11000 元左右，还是比国内商场中的售价便宜不少，但顾客犹豫了一下还是打消了购买的念头。无关价格，关乎购物心理。出来后，笔者又在其他专卖店里转了转，情形差不多，都是价格有一定程度的优惠，但品种不多。二楼出售的是一些没怎么听说过的运动品牌，笔者还第一次看到在免税店里出售土特产，诧异不已，此第三奇也。

　　到机场入关后，笔者沿着指示牌找到了领取免税品的领货区。去的时候货物刚运到，还需要核对和清点。笔者是八点半的飞机，到七点半才能领取。服务人员按笔者出示的身份证、登机牌和提货单拿出所购商品，让笔者　　核对，确认无误之后在提货单上签了字即可离开。看着领货区排队领取货品的人们，笔者感觉离岛免税的流程还是比较严谨的。

　　免税，极有竞争力，这是笔者"扫荡"免税店后的感觉，但这样规模的免税店，想要跟日韩免税店竞争那是远远不够的。领货区的货架上很空，联想到早上开门不到 20 分钟免税店的货架即空，笔者心中不免有了疑惑，是中国免税品集团（以下简称中免）的供货渠道出了什么问题，还是国外大品牌对国内采购商有所限制？虽然中免也是统一采购，但是看来采购的力度上还有很大的空间。同时，在超过 5000 元的单价货品定价上，既然含税价也比国内商场中的售价便宜，那么是否可以改变一下定价方式，直接写一个含税价？相信大多数消费者不能接受在付钱的时候告诉他要加 20% 的行邮税。这种微妙的消费心理，不知垄断经营的中免是真不知道，还是有意忽略了。

看着这严密的免税消费流程，笔者想起劳动节后媒体集中报道了鲍先生一家在香港两天扫货百万元的消息：鲍先生一家去香港并不是为了美食和旅游，仅仅是购物。笔者注意到，在海南免税店开业以后，鲍先生一家并没有选择风景更好的海南。由此可见，内地免税业与周边地区相比还有一定的差距，如何吸引国内这部分有实力的消费者，是一个需要深入思考的课题。身边大多数人是感慨鲍先生真有钱，但笔者对他们一家如何将百万元的免税品带入关境非常好奇。

减免进口税和离岛免税，哪个更给力？

有朋友就海南实行离岛免税及免税店里出售了一些过期商品的事与笔者进行了讨论。在我国，离岛免税是个新事物，这种经营模式很少见，笔者谈了一些自己的想法。信息见报后不久，接到一些读者反馈，于是就这个问题又做了深入的研究，有了进一步的思考。

海南的免税店归中免所有，与 DFS 集团一样，中免也是从事免税品行业的，还有一个相同点是他们都直接向境外品牌商采购商品。笔者记得在上海市内曾经看到过为数不多的几家免税品商店，均不接待本国居民，若不是这次海南的离岛免税政策将中免推到了幕前，大家对于这家唯一经国务院批准，按照国家赋予的"四统一"管理政策，在全国范围内开展免税业务的国有专营公司的印象还是比较模糊的。其实我国机场出境大厅所有的免税商店都是中免独家经营的，其某种程度上类似于中石油。目前，中国是全球最大，也最令所有商家垂涎的消费市场，国人的消费能力惊人，从 iPhone 在内地成为街机就可见中国居民有多大的购买力和多么从众的消费习惯了。但中免的业务特点限定了它只能瞄准境外客户，守着大金矿却在卖草鞋，的确有点奇怪。

离岛免税政策中所说的免税，指的是免去关税、进口环节增值税和消费税。目前内地高档化妆品的售价的确比其他国家和地区贵不少，笔者在香港地区看到一瓶 600 港币左右的面霜，折合人民币是 500 多块，而在内地的零售价格将近 900 元，这将近 50% 的价差，令所有人都无法忽视。海南离岛免税政策的实施，引爆了内地免税品消费的热情，据说去免税店都只能用抢的方式才能买到东西。

除了在免税店里能购买平价的大牌商品，也有专家建议通过减免或取消奢侈品、高端化妆品等的关税、进口消费税，让人们有更多机会选用大牌商品。这样做降低了境外生产商进入内地的门

槛，对他们开放了市场，但这些生产商会如我们所愿降低内地市场
的产品价格吗？业内大多数专家认为，这些境外大牌商品的生产商
在中国市场走的是高端路线，实行的是高价战略，他们牢牢占据了
我国高端消费品的绝大部分市场份额，不会因此放弃他们的既得利
益。即使我国关税及进口消费税都进行了调整，高端品牌也不大可
能会调低内地市场的商品价格。还有一个原因，在化妆品行业有一
条"潜规则"：高端品牌的价格平均每年增长 10%～20%。2010 年
底，欧莱雅旗下的高端化妆品就纷纷传出涨价消息。笔者有些担
心：会不会我们调低了关税和进口消费税，开放了市场，但是我们
没有话语权，于是奢侈品的价格依然高高在上？

　　海南实行离岛免税给许多暂时还没走出国门的同胞一个与
国际大品牌接触的机会，使那部分原来与奢侈品有点距离的人，
在免税后也能消费得起，创造了一些消费需求，这对于广大国
人来说是件好事。从政府的角度来说，虽然可能放弃了一部分
已有、或有的税源，但通过产业结构调整，真正地提高地方旅
游资源的含金量，降低贸易顺差，拉动内需，应该是政府乐于
看见的。

　　实行离岛免税等政策，能切实地让利于消费者，而不是将内
地的市场拱手相让，却未惠及民众。因此，笔者以为，与其降低
奢侈品、高端化妆品等的关税和进口环节消费税，不如在海南及
全国其他一些合适的地区多开设一些免税店，并将免税的政策调
整得更优惠些。比如上海的浦东，迪斯尼乐园的建立必将吸引全

国乃至东南亚的很多游客前来游玩，如果能在乐园周边商业配套设施中增加免税店，相信会极大地提高浦东的商业吸引力，形成一个消费漩涡。

税务小贴士 ///

　　我们不断地听到这种说法：只要降低进口环节的税金，就可以使内地的奢侈品价格降下来，也就可以将内地民众对奢侈品的消费力留在内地，起到拉动内需的作用。只是，这里有一个问题，奢侈品的价格不是由内地销售商决定的，同时如果有那么旺盛的消费需求，奢侈品生产商有什么动力把价格降下来？因此，减免进口税，得益的是商家，并不会惠及老百姓，而多建一些离岛免税店，让利给内地消费者，可以拉动当地的旅游经济，是真正一举两得的行为。

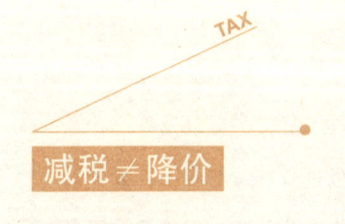

减税≠降价

　　贝恩咨询公司公布的《中国 2010 年奢侈品市场调查》显示，2009 年，中国消费者的奢侈品消费总额已达到约 1560 亿元人民币，2010 年，中国游客在英国就花掉了约 10 亿元英镑（约合 112 亿元人民币）。有媒体就消费力外逃现象与我探讨，是不是因为内地进口环节的关税、增值税或者消费税，使得内地进口商品的价格居高不下，进而导致了内地的消费力外逃。有观点认为：只要政府降低或减免关税、增值税和消费税，就能有效将那一年几百亿元的消费力留在内地，同时为国家增加数十亿元的税金。对此，我一直持怀疑观点。

　　进口商品，包括奢侈品，其品牌所属的跨国集团，在全球有其独特的营销方式和价格体系，在北美、欧洲销售哪些型号、如何定价，在亚洲的日本、中国销售哪些型号、如何定价，绝对不是我们国内的经销商能够操控的。比如，2011 年年底，国务院关税税则委员会关于 2012 年关税实施方案的通知规定，从 2012 年

1月1日起我国开始降低包括"洋奶粉"在内的730多种商品的关税，平均税率4.4%，新西兰婴儿配方奶粉和酸奶更实现零关税。但是，洋奶粉并没有因为关税的下调而有任何让利于消费者的迹象，反而在去年年底轮番上演了涨价潮，使关税下调成为奶粉厂商及其经销商的另一个利润增长点。虽然我们的愿望看上去很美，但用这种美好的念头去揣测在市场经济中摸爬滚打了百十年的跨国企业的商业行为，未免太傻太天真。

2012年的经济增长热点究竟在哪里？房地产调控、车市萎靡、股市变成故事，CPI又让拉动内需变成了明日黄花，那么，减税能不能让商品价格下降，吸引更多消费者呢？笔者就此做了一些调研，绝大部分消费品生产企业，目前都面临原材料涨价、物流成本和人力成本上升的压力。如果政府制订了涉及本行业的减免税措施，企业认为，这是国家给予企业的税收优惠，会让企业在市场竞争中更有竞争力和活力，同时可以适当减轻企业的成本负担，有利于企业的良性发展。可见，基本上没有企业会将就此让利给消费者。当然这也无可厚非，企业本来就是以营利为目的的组织，如果不营利，谁还办企业？

可是，我们的减税了就会降价的念头又是哪里来的呢？1月9日，财政部与国家税务总局发布联合通知，经国务院批准，自2012年1月1日起，免征蔬菜流通环节增值税。我国之前的税法规定，只有农民销售自产的农产品（包括蔬菜，下同）时，才免征增值税，而其他机构向农民收购农产品时都需要缴纳13%的增值税。农产品在流通环节原本要缴纳的 13% 的增值税，从 2012 年 1 月 1 日起免征了。这对于农民来说没有什么值得喜悦的增加值，因为农民的纯收益基本上只占农产品利润中的极小值。农产品经销企业会比较开心，卖农产品的超市也会喜笑颜开，因为这部分税收优惠落入了他们的口袋，虽然由于销售量有限而优惠也有限，但聊胜于无。我对这些农产品销售商会不会将这部分税收优惠转变成为降价让利给消费者持怀疑态度。但这次对蔬菜的税收优惠，的确给了销售商们一定的利润空间，对维持蔬菜的市场价格稳定会起到一定的作用，并且这种作用会保持一定的时间。

税制改革极其必要，特别是减少间接税，增加直接税的比例，是税制改革的重头戏。随着经济结构的调整和税制改革的深入，以增值税为首的间接税将逐步淡出我国的税收舞台。但是，普通消费者们要清醒地认识到，减税并不等于就是降价。

我曾微笑着反问与我探讨这个问题的朋友："是不是关税、消费税下降了，你就会把你大部分的收入都用来消费？"他急忙摇头："怎么可能？工薪阶层谁敢呀？"

TAX

捐款可以免税吗？

2010 年年初，一位中国籍耶鲁 MBA 校友向耶鲁基金会捐赠了 8888888 美元。这在国内引发了一片喧哗，很多人责备他忘恩负义，不回报国内教育了他十几年的大中小学，反而把钱捐给了不差钱的美国大学，捐赠的金额还带着极其明显的中国色彩，全都是 8。也有人认为，人家自己的钱，怎么花、怎么送，旁人无权置喙。

而更早些时候媒体报道，新华都董事长陈发树将其个人持有的价值 83 亿元人民币的有价证券全部捐赠给新华都慈善基金会，也曾在当时引发了诸多争议。争议的焦点之一就是陈发树的这种做法是不是在避税。那么税法对于捐赠有哪些规定呢？国家对于做慈善的鼓励有没有在税收政策上有所体现呢？

按照财税〔2008〕160 号文《财政部、国家税务总局、民政部关于公益性捐赠税前扣除有关问题的通知》（以下简称 160 号文）和财税〔2010〕45 号《财政部、国家税务总局、民政部关于公益性捐赠税前扣除有关问题的补充通知》规定：企业或个人通过获得公益性捐赠税前扣除资格的公益性社会团体或县级以上人民政府及其组成部门和直属机构，用于公益事业的捐赠支出，可以按规定进行所得税（含企业所得税和个人所得税，下同）税前扣除。对获得公益性捐赠税前扣除资格的公益性社会团体，由财政部、国家税务总局和民政部以及省、自治区、直辖市、计划单列市财政、税务和民政部门每年分别联合公布名单。可见，企业或个人捐赠想要所得税前扣除需要注意几个关键点：

第一，必须通过公益性社会团体捐赠。按照《中华人民共和国企业所得税法实施条例》（以下简称条例）第五十二条之规定，公益性社会团体是指同时符合下列条件的基金会、慈善组织等社会团体：（1）依法登记，具有法人资格；（2）以发展公益事业为宗旨，且不以营利为目的；（3）全部资产及其增值为该法人所有；（4）收益和营运结余主要用于符合该法人设立目的的事业等。（其余略）

第二，这些公益性社会团体必须已获得公益性捐赠税前扣除资格。符合第一点的条件只能证明这个组织是公益性社会团体，但并不代表该组织具有了公益性捐赠税前扣除资格。如果向这些公益性社会团体捐赠的企业和个人想要所得税前列支，这些公益性社会团体还需要按程序去申请公益性捐赠税前扣除资格。也就是说，并不是向任意一个公益性社会团体捐赠，都是可以税前扣除的。（通过政府机关及其相关组织捐赠的相关规定略）

第三，这些捐款必须是用于公益事业。当时我看到这条规定，感觉有些奇怪：按照条例第五十二条第二款的规定，公益性社会团体是以发展公益事业为宗旨，且不以营利为目的。160 号文所称的捐款必须用于公益事业实在是有些画蛇添足，难道这些公益性社会团体拿了捐款，还不用于公益性事业？最近笔者有些明白，是自己孤陋寡闻了。

第四，企业或个人在名单所属年度内向名单上的公益性社会团体进行的公益性捐赠支出，可按规定进行税前扣除。公益性捐赠税前扣除资格是有时间限制的。例如，接受捐赠的公益性社会团体 L 在税务局公布的 2009 年税前扣除资格名单上，但不在 2010 年名单上。某企业 2009 到 2010 年都对 L 社团进行了捐赠，假定捐赠比例符合税法规定，则 2009 年的捐赠可以在企业所得税前列支，而 2010 年的就不可以。

在符合了以上四个条件以后，企业发生的不超过年度利润总额 12% 的公益性捐赠支出，准予在企业所得税前扣除；个人的未超过其本人申报的应纳税所得额 30% 的公益性捐赠支出，可从其应纳税所得额中扣除。例如，H 先生 6 月份扣除五险一金后月薪 1 万元，转让股权所得 10 万元，出租私房收入 8000 元，扣除工资、薪金的免征额 2000 元后，H 先生 6 月份应纳税所得额为 11.6 万元，按照 30% 的比例，则其在 3.48 万元以内的公益性捐赠均可在个人所得税前列支。除此以外，税法还有一些特别规定，对于一些大灾难的临时性捐赠给予全额所得税前扣除，比如对汶川地震的捐款等。

我们身边大多数人，没有本文开头提到的二位那样有实力，能大手笔地捐赠，但当他们资助贫困学生时，为受灾的群众献出自己一份爱心时，并没有考虑过这些付出是不是要在所得税前列支，大爱无疆。笔者写本文的目的在于让更多的读者了解国家对于爱心捐赠的税收规定，若有些捐赠可以按照税法规定去做，便能在捐赠之后，还留有一定的税后所得用于自己的家庭生活开支。我想这也体现了税法鼓励做慈善的本意。

税务小贴士

随着一些公益组织的不规范行为被曝光，国人对于通过公益组织捐款捐物的热情降到了最低点，而笔者也对此颇为踌躇。后来笔者想到了一个两全的办法，除了对需要帮助的人进行直接捐助以外，不再通过公益组织捐款。但是我愿意为这些公益组织免费做财税类的专业讲座，帮助这些组织做得更规范。

TAX

压岁钱与压"税"钱

    2012 年春节，笔者走亲访友时，忽然发现压岁钱的涨幅远远高于 CPI，出手起码 500 元，有的 1000 元、2000 元都打不住。电视节目中有采访者说，今年 1 月份的工资和年终奖，正好拿来发红包。当然，这既说明他的收入还不够高，也证明他家亲戚实在不少。建议 CPI 的统计口径不但要加入房产价格的变动，还要加入压岁钱、红包的涨幅。年前有一则新闻说上海某人年终奖拿了 17 万到手只有 11 万元的消息，笔者粗略算了一下，17 万元的年终奖，应缴纳个人所得税 4.15 万元，到手 12.85 万元，怎么会不到 11 万元？看，到了年底，税依然与我们同在。

    笔者整理孩子的床铺时，发现枕头底下有红色的纸袋，原来是他过年收到的几个红包。笔者忍不住笑了，问他为什么把压岁钱放在枕头底下。他振振有词地说：压岁钱压岁钱，就是要压着睡觉才是自己的钱！吃饭时，问他压岁钱准备怎么用，他说这点钱太少了，他们同学中有人春节期间可以收到十万块压岁钱。每年寒假过后，班级里同学都会就过年收到的压岁钱进行一场激动人心的大讨论：有人收到了为数不少的现金，有人拿到了向往已久的电子产品，有人收到了名牌的运动装备，有人收到了股票，还有人收到了房子。过年的压岁钱可以收到股票和房子？我期待回到小时候。

按照中国人的习俗，春节出去拜年不能空手，除了给别人家未成年的孩子压岁钱，还要带上礼物。从情理上来讲，春节拜年，相互间给对方孩子压岁钱是习俗，虽然背后还有些其他元素，但是在春节温情脉脉的面纱下，一切都显得顺理成章。但是从法理上来讲，如果是亲戚朋友之间相互给对方孩子的压岁钱，并不会涉及税法的管辖。但是，如果给的不是现金和普通的消费品，而是需要办理权利过户登记手续的资产，就需要斟酌了。

从法律的角度，长辈给出压岁钱或礼品属于捐赠，而小辈收到压岁钱或礼品属于接受捐赠。按照我国个人所得税法的规定，个人向个人捐赠现金或消费品，以及个人接受个人捐赠的现金或消费品（不含老板与员工之间），都不必缴纳个人所得税。当然，自己家的长辈给小辈的压岁钱，既没有道德问题也没有法律问题，可是如果给压岁钱的是没有血缘关系的其他人呢？如果收到的金额巨大，或者礼物价值不菲呢？我国税法有没有相关规定呢？

曾经有朋友问我，孩子过年就 18 岁了，准备把公司的一部分股权作为压岁钱给孩子，是不是会遇到税务问题？当然会！股权或者房产，即使装在了放压岁钱的罐子里送出去，也是要交税的。

首先说作为压岁钱送出的股权，这里不包括在二级市场的股票。在税法上，个人向其他个人（不包括税法规定的配偶、父母、子女、祖父母、外祖父母、孙子女、外孙子女、兄弟姐妹以及对转让人承担直接抚养或者赡养义务的抚养人或者赡养人）赠送股权，在办理股权变更的工商登记时需要提供完税凭证。法理是这样认为的，你可以把你的财产送给任何人，但是如果这种赠送行为（正式名称为捐赠行为）属于税法纳税范围中的财产转让，则必须交税。也就是说，你可以把你的财产送人，但是不能把税也送人。而股权价格主要依据目标公司的净资产情况来判定，最低不能低于股份比例所对应的净资产价值。而交税的基数是股权价格减去原始出资金额的差额，再乘以 20% 的个人所得税税率，就能算出这个股权压岁钱应该缴纳的个人所得税了。举例说明，H 先生出资人民币 300 万元，占某公司 60% 的股权。2012 年春节，他把其持有某公司股权的 1/3，也就是某公司 20% 的股权给了外甥做压岁钱。2011 年年底，该公司的净资产是 800 万元。H 先生给外甥的 20% 股权的定价不能低于 800 × 20%=160（万元），而这 20% 的股权的原始出资是 100 万元，因此 H 先生给出这个股权压岁钱需要缴纳的个人所得税 =（160 － 100）× 20%=12（万元）。当然，目前对于将股权赠送给税法规定的特定人群，比如配偶、父母、子女、祖父母、外祖父母、孙子女、外孙子女、兄弟姐妹以及对转让人承担直接抚养或者赡养义务的抚养人或者赡养人，目前是免征个人所得税的。

再说作为压岁钱送出的房产。如果要去房产交易中心加上孩子的名字，作为接受方的孩子需要缴纳契税。按照我国目前税法的规定，父母向子女赠送房产，免交营业税和个人所得税。但如果不是直系亲属之间的赠送行为，根据送出房产的情况不同，需要按照税法的规定缴纳 5% 的营业税和 1% ~ 3% 的个人所得税。

税务小贴士

目前，很多富人都开始采用大额保单、信托等方式做规避遗产税的准备。所以在遗产税实施前，该送的赶紧送了吧，否则以后再送就要缴税了。

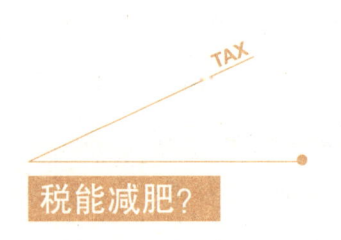

税能减肥？

国庆节休息 7 天，举家出门，午餐时 Patrick 居然要吃肯德基，看着他圆滚滚的身材，是可忍，孰不可忍！转而想到他们班乃至上海、全国实在是有为数不少的孩子，由于喜欢吃洋快餐、喝可乐，长得都像个油桶，没有身材可言。环顾周围，其实不只是孩子，很多大人衣裤的平均尺码比十年前大了不止一个码，几乎所有的女士都或高或低地举着减肥的大旗，除了少吃和运动，减肥还有其他什么办法吗？

近日，一位坚持减肥已超过十年的朋友说："欧洲一些国家从去年起，推出了一种减肥的新方法——征收'肥胖税'。"另一位身材丰满的朋友听了肥胖税的第一反应是："肥胖税？是对胖子征税？胖子有罪吗？为啥要被歧视？生活压力已经那么大了，胖子活着容易吗？"我被她"雷"到了："黑色幽默！"

美国自金融危机后经济低迷，巴菲特曾提出对富人征税，以帮助国家渡过难关。欧洲经济的不景气比美国有过之而无不及，但是欧洲国家的政府并没有对富人征税，反而对肥胖者们的最爱，那些富含饱和脂肪的食物举起了大刀。

肥胖税或称脂肪税，在欧洲大行其道，在丹麦，对糖果征收特别附加税可追溯到 90 年前，但真正让生产商胆寒的是 2012 年 10 月 1 日起对所有含饱和脂肪食品开征的肥胖税。牛奶及奶制品，包括黄油、奶酪等，食用油、猪肉等都被纳入了征税范围，据说丹麦是世界上第一个征收这类食品税的国家。看出来了吧，这是对食品征税，不是对胖子征税，我那个朋友可以放心了，最起码她不会担心税务局追在后面征税了。

丹麦的肥胖税很厉害，首先是税率，针对冰激凌、巧克力、甜食以及汽水的税率高达 25%。黄油、牛奶、比萨饼、油类和肉类，税率为每千克饱和脂肪 16 丹麦克朗（约合人民币 18.33 元）。按照羊毛出在羊身上的原则，黄油的价格立马就要上涨 14%。国内一盒 250 克左右的黄油售价在人民币 15 元左右，而在丹麦的售价已经涨到了 18 克朗，约合人民币 20.62 元。

其实从 2011 年 9 月 1 日起，匈牙利就已经对几乎所有的高脂、高糖、高盐及高卡路里的非健康食品开征了肥胖税。虽然总体的税率不高，但普及面之广，几乎成为欧洲征肥胖税国家之最。而芬兰在对高糖的软饮料、巧克力、冰激凌等食品征收附加税的同时，计划提高高脂食品的税率。瑞士和奥地利对使用反式脂肪的食品单独征税，其中植物黄油的大名赫然在案。征税真的能帮助公民减肥吗？虽然丹麦儿童的肥胖率出现了 60 年来的首次降低，但是罗马尼亚考虑到国民的负担，最终还是放弃了征税计划。

　　有人会问：肥胖税到底是什么税？我国有没有类似的税？如果目前没有，未来我国有没有可能开征肥胖税？

　　其实欧洲的肥胖税在税种上有点儿类似于中国的消费税，是针对某些特定的商品征收的。既有按照商品价格征收一定比率的税金，也有按照商品的数量、重量或者体积征收一定金额的税金，用专业术语来说就是既有从价征收也有从量征收。但是我国的消费税主要针对特定消费品，目前也只对 14 大类的消费品征收消费税，除了烟和酒并不涉及食品。因此，就征税范围而言，我国目前并没有和肥胖税相同或相似的税。

　　未来我国是否会开征肥胖税，要看开征肥胖税有啥用。征税，毋庸置疑可以增加政府的财政收入。比如，对可口可乐征税的法国，就把这部分税金用于补贴法国本土农民的社会保障，而匈牙利把征收来的肥胖税用于弥补医疗卫生系统的赤字。从增加财政收入的角度而言，政府开征肥胖税是有动力的。但从税制改革的方向而言，开征一个全新的税种，立法所需要经历的过程是极繁复与漫长的，所以，笔者以为，政府并不会轻易开征一个新税种。此时，笔者突然想起燃油税。虽然目前加的每一升汽油里都含有燃油税，但是开车去杭州，我们依然要交过路费。那么肥胖税会不会出现燃油税改革过程中那种"明修栈道，暗度陈仓"的现象？笔者以为有可能。2006 年 3 月出台的《财政部、国家税务总局关于调整和完善消费税政策的通知》，就在消费税的征税范围中增加了高尔夫球及球具、高档手表、游艇、木质一次性筷子、实木地板等6个税目。相关部门只需要修订消费税的征税范围，就可以起到征收肥胖税的效果。

TAX

在美国，绿卡一族"税"不安

一个十几年前移民去美国的朋友 M 回来，经过一番周折联系上后，我们见面聚了一下。他和太太有 3 个孩子，他和太太都持有美国绿卡，孩子是美国出生的，所以直接就是美国公民。一起聚会的还有几个朋友，有两个已经持有美国绿卡，还有的也多少动着移民的念头。吃饭间，一群专业人士聊起了移民美国面临的种种税问题。

哪些人必须在美国报税？

在美国，只要不是公民（像 M 先生的孩子那样在美国出生的人，或拿到绿卡后加入美国国籍的人，都具有选举权与被选举权），就是外国人。而外国人又分为拿到绿卡的居民外国人和没有绿卡的非居民外国人。当然，这些都是美国移民局的分类方法，而在美国国税局看来，只分为居民纳税人（公民和绿卡持有人）

和非居民纳税人（非公民和无绿卡的人）。而非居民纳税人，如果在美国的天数达到183天的标准，在税务局眼里，就具有了居民纳税人的身份，需要按照美国公民的标准在美国申报纳税。而且，如果你在美国有房产，同时还有驾照，那么美国税务局也会认为你具有在美国长期逗留的打算，你也极有可能符合了居民纳税人的标准。

在此，笔者给经常往返于中美两国，同时没有申请过绿卡的朋友们提个醒，连续3年内，在美国居留超过183天就算是居民外国人。183天的标准这样计算：如果2012年你在美国逗留天数大于31天，则将2011年在美国逗留的天数乘以1/3，将2010年的天数乘以1/6，3个数字加起来如果超过183天，恭喜你，你达到了美国税法规定的居民外国人的标准，即需要以居民的身份在美国报税。

美国对其税务居民采取全球所得课税原则，即只要你是美国税务局认定的居民纳税人，则你在全世界的所有所得，都必须向美国国税局申报。纳税人每年1月1日至4月15日，向国税局申报上年度个人综合所得税。

在美国，合法夫妻双方如果都是居民纳税人，则都不可以以单身的身份报税，这与我国税法的规定不同。在我国，税务局是不知道也不关心你是已婚还是未婚，是有小孩还是无小孩的。

哪些所得要申报？

很多从中国移民去美国的人，经过资本的原始积累，在离开中国的时候，有些人将家和资产连根拔走去了美国。但还有部分人移民不移家，只带走了家人和一部分资金，在国内还留有一部分投资，比如房产，比如公司。那么，一旦成为美国的居民纳税人，这部分境外所得要不要在美国报税呢？答案是：要！

作为美国居民纳税人，你在全球的雇佣收入、自雇收入、房租收入、各类投资收入、银行账户的利息收入、佣金收入、遗产及赠与所得，以及向别人（包括自己的未成年孩子，但不包括孩子的学费等属于抚养费的部分）捐赠超过法定数额的行为等都必须向美国国税局据实申报。

在美国，纳税人在按时报税的同时还要做好所有支出单据的收集和整理工作。因为美国的纳税申报表是非常复杂和完善的一整套报表，有的专门用来填写收入和所得，有的则填写支出费用和扣除事项。费用事项包括：医药费用（包括买药、住院、配眼镜、助听器、补牙和去医院的交通费等）；每人名下可以拥有的2套自用住房（总金额不超过100万美元）的银行贷款利息；薪资中扣除的法定税金等；给慈善机构的捐款和捐物取得收据的金额；有凭据证明的天灾人祸的损失；还有一些杂项费用：比如搬家的费用等。其有一点与我国税法的以票管税极其相似——都需要收集并保存好相关凭证，否则无法进行税收减免。

昂贵的绿卡

那部分拖家带口连根拔走去了美国的移民，因为在国内已经没有什么资产，于是也很踏实地留在了美国。但是还有很大一部分绿卡持有人，在国内有实业投资或不动产，于是只把家人移民过去，而在国内还留了相当一部分投资，在国内的金融机构也有银行存款和金融资产。而这些绿卡持有人即使常住国内，他的所得税纳税义务仍被视同美国公民：需要向美国政府申报他在全球各地的所有收入并缴纳所得税。

中美之间有避免双重征税的税收协定，在中国投资办企业缴纳的税金，回美国还可以在一定程度上抵免联邦税（不能抵州税）。若绿卡持有人住在一个与美国没有税收协定的国家，那么就意味着你已在居住国缴纳了税金的所得，在向美国政府申报后，还得按照美国税法再全部重新缴一遍税。这一点是很多美国绿卡持有人在办移民前，全然没有考虑过的。

既然申报了就可能要补税，那么不申报呢？美国政府难道跑到我居住的国家来进行税务稽查？按照美国税法，凡美国的居民纳税人，须就其全球所得向美国国税局报税。特别是美国于2010年3月份通过的《海外账户纳税法案》实施细则中规定：美国公民和绿卡持有者的海外资产超过5万美元，须向美国国税局如实申报。这如同这些绿卡族头上的金箍，美国政府缺钱了，一念紧箍咒，绿卡族们就头痛了。有人抱着侥幸心理说，我就不报税，你能拿我怎么办？细则规定：应该申报而未申报的纳税人，将可能面临高达 1 万美元的罚款。若在国税局通告后仍未申报并缴纳税金，罚款将升至 5 万美元。巨额罚款外加牢狱之灾，谁敢试试不报税？

不报税，可能面临罚款和坐牢

在我国，税法规定企业在发放员工工资时全员报税，这一点，企业基本上都能做到，但是对于很多高收入者的自行申报的征管，还处于比较初级的自发状态。但如果你符合美国税法规定的居民纳税人标准，在每年 4 月 15 日前，没有申报纳税会有什么后果？

在美国，如果你不报税，一般而言，国税局的电脑系统约在一年左右之后会发现你没有申报，这样你的行为可能招致高达25000 美元的罚款及 1 年的有期徒刑。而且这个罚款的金额是与年限成正比的，即如果两年不申报，可能罚款 50000 美元及坐 2 年牢，这还没算税金的利息（即滞纳金）。当然，国税局一般极少对未申报者进行刑事诉讼，除非为了起到威慑作用，"杀鸡给猴看"。

不报税，美国国税局如何查税？

如果有些绿卡一族，虽然持有绿卡，但由于长期不住美国，也忽略了向美国国税局报税，美国国税局有多长时间的查税时效呢？有些人误以为美国国税局只有3年的查税时效，其实这个3年是指绿卡持有人已经申报所得税后，国税局可在申报3年内前来查账和要求你补缴漏缴的税。但若你根本未申报，则国税局的查税就不存在时效问题。这一点与我国税收征管法对于纳税人偷税的追征期的规定基本一致。

在查到你没有申报个人所得税后，美国国税局可以采用"间接法则"来征税。本来美国税法中，是纳税人的所有收入，扣除免税的收入，再扣除税法允许扣除的开支和费用后的余额，才是个人所得税的计税基数。但由于你没有申报，国税局就不考虑你的实际可抵税的支出借款，或在其他国家已经缴纳的税额，一律不能扣除和抵税，而认定纳税人的银行存款就是收入。在国税局征税后，政府又有了10年的时效可以追讨税款。

惹不起，也躲不起

有人说，我不怕，我赚的钱都是合法的，都是纳过税的。问题在于说是一回事，中国税法与美国税法在税制上存在不同，即便你在中国的所有收入都已按中国税法的规定纳税，回去美国后，也面临着补交州税的可能。

之前的一批放弃绿卡的绿卡持有人，主要是中国台湾地区的商人。他们的生意主要还是在亚洲，在美国境外哪怕卖出一套住宅，也要回美国去报税，何况个人名下所有的银行账户及账户资金变动都要一一报告，于是台湾地区的商人中出现了一股放弃绿卡的暗流。而最近，来自中国大陆的绿卡持有人也开始面临台湾地区商人们同样的境遇。

如果实在惹不起美国政府，那么躲得起吗？那些移民前没有咨询律师和税务师的绿卡持有人，想弃卡时终于想起来要咨询一下律师和税务师。不问不知道，一问吓一跳：惹不起，居然也躲不起！

为了保住美国绿卡，持卡人每年需要在美国境内居住超过半年，否则会失去绿卡。有人以为只要我不回美国，绿卡失效后，永久居住权失去了，也就意味着不再需要向美国政府报税。有这种想法的人是对美国税法太不了解了，就如同当初盲目地申请了移民一样无知。

按照美国税法规定，移民法上永久居留权的丧失，并不等同于美国纳税义务的终止。若绿卡持有人没有按照美国法律规定完成终止纳税的手续，仅擅自停止了缴税，美国政府可以拒绝其以后入境或对其仍在美国境内的资产申请税务强制执行。

放弃，代价巨大

如何办理终止纳税的手续呢？首先要向美国国税局递交专门的申请表，告知其放弃永久居留权的事实、放弃的目的、个人资产及负债情况，以及其他个人资料，同时重申过去 5 年的报税和缴纳税金情况，最重要的是申报作为美国身份最后一年的税金并缴纳年底的个人所得税。

2008 年，美国国会针对放弃美国国籍和绿卡者的税务义务进行了大幅度的修订。如果你在前 15 年中持有绿卡超过 8 年以上，同时净资产超过 200 万美元或过去 5 年的年均缴纳所得税净额超过 13.9 万美元，可以享有 60 万美元的免税额，超过部分均按以市价出售为依据计算并缴纳所得税，又称"弃籍税"。若你不能满足前 15 年中持有绿卡超过 8 年的年限要求，或者净资产低于 200 万美元，又或者前 5 年的缴纳所得税总额低于 69.5 万美元，则在放弃日，你拥有的全球所有财产，没有任何免税额的扣除，所有资产均被美国国税局视为以市价出售，依法计算并缴纳资本利得税。缴税之后，持卡人才算是成功放弃绿卡。

但是对于这样的弃卡行为，美国国税局有一个类似惩罚性措施的规定：绿卡持有者一旦成功弃卡，未来若想将其名下资产赠与或作为遗产留给在美国的受益人（美国公民或绿卡持有者，主要是孩子或亲属），则受益人须缴纳赠与税及遗产税，税率最高为 45%。这和其他外国人赠与美国公民或绿卡持有者无须缴纳赠与税的规定完全不同。也就是说，如果父母放弃绿卡，那么将资产或遗产留给孩子时，孩子需要缴纳一大笔税给美国政府。

欲取先予，这在中国适用，在山姆大叔那边也适用。不信，看看美国国税局的税法就知道了。

附录1

七级超额累进个人所得税税率表

级数	全月应纳税所得额（含税级距）	全月应纳税所得额（不含税级距）	税率（%）	速算扣除数（元）
一	不超过 1500 元	不超过 1455 元	3	0
二	超过 1500 元至 4500 元的部分	超过 1455 元至 4155 元的部分	10	105
三	超过 4500 元至 9000 元的部分	超过 4155 元至 7755 元的部分	20	555
四	超过 9000 元至 35000 元的部分	超过 7755 元至 27255 元的部分	25	1005
五	超过 35000 元至 55000 元的部分	超过 27255 元至 41255 元的部分	30	2755
六	超过 55000 元至 80000 元的部分	超过 41255 元至 57505 元的部分	35	5505
七	超过 80000 元的部分	超过 57505 元的部分	45	13505

注：个税免征额为 3500 元。工资、薪金所得适用。

附录2

劳务报酬所得适用税率表

级数	每次应纳税所得额	税率（%）	速算扣除数（元）
1	不超过 20000 元的部分	20	0
2	超过 20000 元至 50000 元的部分	30	2000
3	超过 50000 元的部分	40	7000

个人出售房产应缴税费一览表

纳税人	税（费）种	计税（费）依据	房产类型及征收标准	
			普通住宅	非普通住宅
卖方	营业税	成交价（市场评估价）	个人销售购买超过5年（含5年）的普通住房，免征营业税	个人销售购买超过5年（含5年）的非普通住房，营业税为[成交价（市场评估价）－买入价]×5%
			个人销售购买不足5年的普通住房及非普通住房，营业税为成交价（市场评估价）×5%	
			个人销售自建自用住宅（普通住宅和非普通住宅），营业税为成交价（市场评估价）×5%	
			备注：购买房屋时间以取得房屋产权证或契税完税证明的为准。 按规定缴纳营业税的，同时还须按规定缴纳城建税（7%、5%或1%）、教育费附加（3%）、地方教育附加（2%）以及河道工程修建维护管理费（1%）。	
	个人所得税	成交价（市场评估价）	[成交价（市场评估价）－财产原值－合理费用]×20%	
			或按成交价（市场评估价）的1%或2%核定计征收	
			备注：转让满5年唯一生活用房免征	

续表

纳税人	税（费）种	计税（费）依据	房产类型及征收标准	
			普通住宅	非普通住宅
卖方	土地增值税	成交价（市场评估价）	免征	免征
	印花税	成交价（市场评估价）	免征	

图书在版编目（CIP）数据

百姓不缴糊涂税：财税专家汪蔚青的税务普及书 /
汪蔚青著. -- 杭州：浙江大学出版社，2014.3（2015.4重印）
　ISBN 978-7-308-12684-7

　Ⅰ．①百… Ⅱ．①汪… Ⅲ．①税收管理—中国—通俗
读物 Ⅳ．①F812.423-49

中国版本图书馆CIP数据核字(2013)第303310号

百姓不缴糊涂税：财税专家汪蔚青的税务普及书
汪蔚青　著

策　　划	杭州蓝狮子文化创意有限公司	
责任编辑	胡志远	
出版发行	浙江大学出版社	
	（杭州市天目山路148号　　邮政编码　310007）	
	（网址：http://www.zjupress.com）	
排　　版	杭州林智广告有限公司	
印　　刷	浙江印刷集团有限公司	
开　　本	880mm×1230mm　1/32	
印　　张	5.875	
字　　数	116千	
版 印 次	2014年3月第1版　2015年4月第2次印刷	
书　　号	ISBN 978-7-308-12684-7	
定　　价	28.00元	